성공하는
100가지
마음가짐

성공하는
100가지
마음가짐

요시카와 나미 지음 / 강성욱 옮김

경성라인

Contents

1장 감성지수를 높이는 방법 / 11

성공하는 사람은 언제나 기분 좋은 상태에서 정답을 말한다

2장 행동센스를 기르는 방법 / 37

즐겁고 활동적인 자세로 임하면
저절로 좋은 기운이 움직이기 시작한다

3장 꿈, 비전을 주시하는 방법 / 61

큰 뜻을 품은 자만이 좋은 결과를 손에 넣는다

4장 성공 마인드를 기르는 방법 / 85

달성시키고자 하는 마음 자세가
모든 것을 돌파하고 이루어 나간다

5장 셀프케어를 충실하게 하는 방법 / 123
　　치료하고 감싸고, 감싸 안는 것은 그 다음에
　　더욱 행운을 가져다준다

6장 커뮤니케이션 능력을 높이는 방법 / 149
　　어떤 관련이 있는지를 알면 멋진 흐름을 탈 수 있다

7장 부자 감각을 기르는 방법 / 167
　　아무것도 없어도 부자로 대접받을 만큼 돈은 점점 모여든다

8장 행운의 힘을 붙잡는 방법 / 189
　　어떠한 일이라도 긍정적으로 생각하는 습관이
　　행복지수를 UP시킨다

9장 우주의 힘을 손에 넣는 방법 / 207
　　마음의 도량을 넓혀서 우주로부터 오는 선물을 크게 늘린다

영광스런
서문

성공하는 사람에게는 〈그 성공은 약속되어 있다!〉
고 하는 전제가 있다.

열중해야 할 꿈에 열중할 때, 모든 것은 저절로
이루어지기 시작한다.

이 책을 읽고 있는 당신이라면 분명 가고 싶은 장
소나 이루고 싶은 꿈, 성취하고 싶은 일이 있을 것이
다.

그리고 그것을 얻기 위해 노력하거나 더욱 잘 할
수 있는 방법을 찾아보고 있을 것이다. 보다 성공한 인
생을 손에 넣기 위해서 말이다.

이 책은 내 이야기를 장황하게 늘어놓으며 당신에
게 무엇인가를 강요하거나 명령하지 않는다. 당신 안
에 잠재되어 있는 동기와 기대, 자신감과 확신, 밝은

비전을 더욱 향상시키고자 하는 것이다.

성공이라는 것은 어려운 이론이나 테크닉이 아니다. 중요한 것은 실제의 당신이 기꺼이, 그리고 자발적으로 그 일에 몰두하는 것이다.

그래서 이 책을 읽으며 '이걸로 됐다!' 며 자신이 하고 있는 일에 대해 납득하길 바란다.

또 그것으로 인해 확신을 얻고 더욱 자신감을 가지고 꿈을 향해 돌진해나가길 바란다.

혹은 '앗, 이런 거였나!' 라며 무언가를 깨닫고 거기서부터 개선해 나가거나 다시 바로잡아가는 것도 바람직하다.

또 '뭐?! 이런 식으로 생각한 적은 없었는데!' 라며 지금까지 자신에게 없었던 요소를 발견하고 그것을 힌트로 새로운 것을 만들어낼 수 있었으면 좋겠다. 그것이 성공의 근원이 되어줄 것이다.

이 100가지 방법 중 단 한 가지라도 당신의 마음을 확 사로잡은 것이 있다면, 그것이 바로 당신에게 성공을 안겨줄 가장 중요한 단어이다. 당신의 의욕을 이끌어내며 당신을 쉽게 성공으로 이끌어 줄 것이다.

변화의 좋은 징조는 어느 때든지 아주 사소한 단어를 계기로 마음과 현실이 크게 바뀌는 것이다.

지금 당신에게 필요한 것은 위대해지고자 하는 무

리한 법칙이나 기술이 아니다. 당신이 본래 가지고 있는 능력을 최대한 끌어내고 그것을 발휘할 수 있는 솔직한 감동이다.

그리고 그 능력은 당신에게 충격을 준 것이 무엇인지를 보면 알 수 있다. 분명 이 책 안에 있을 그 능력을 꼭 손에 넣길 바란다.

성공은 약속되어 있다. 당신이 성공하겠다고 결심하는 한 말이다.

'○○○○년도 ○월 성공한다.'라고 하는 신념은 그곳이 어디든지 높고 멀리 오르게 해준다.

1장

감성지수를
높이는
방법

성공하는 사람은
언제나 기분 좋은 상태에서 정답을 말한다.

1.
좋아하는 것과 싫어하는 것으로 결정하라

모든 일을 결정할 때는 뭐든지 자신이 좋아하고 싫어하는 것으로 결정하는 것이 가장 좋은 방법이다.

일반적으로 보면 이것은 비상식적인 사고방식으로 여겨질 수도 있다.

그러나 성공하는 사람들은 그것으로 인해 탐구심과 열심, 두근거리는 마음이 생긴다. 즐겁게 목표를 이뤄나갈 수 있는 중요한 요소가 된다.

좋아하는 일은 무조건적이며 적극적으로 당신을 몰아붙인다. 반면, 싫어하는 일은 저항감과 거절감을 주며 당신이 그 일에 관여하는 것을 중지시킨다. 이것이 호불호의 기본적인 역할이다.

'좋고 싫은 걸로 결정해서는 안 돼. 또 가능하지도 않아!'

'하기 싫은 일이라고 해서 안 하면 아무 일도 할 수 없어!'

'애도 아니고 어른이 돼서 자기가 좋아하는 일만 해서 어떡하려고!'

하고 말하는 사람은 인간이 심리적 영향을 받으며 사는 생물이라는 사실을 모르는 사람이다.

그리고 그러한 사람들은 대개 자신이 생각하던 길을 가지 않는다. 괴로워하면서 자신이 원하지도 않는 일을 하며 언짢아한다.

좋고 싫은 감정이 일의 진행과정과 결과에 얼마만큼의 차이를 만드는지 호불호로 일을 할 때 확실히 알 수 있다.

즉, 좋아하는 일은 일이 쉽게 잘 풀린다.

싫어하는 일을 해서 일이 잘 풀리거나 성공하는 경우는 없다.

2.
즐기면서
일하라

　당신이 즐기면서 일을 하고 노는 기분으로 임할 때, 당신은 행복의 파도를 타게 될 것이다.

　'아직은 즐기면서 할 수 없다.'는 생각이 드는 것은 그 일을 주저하거나 마음이 무거워지는 등의 그것 나름대로의 이유가 있다.

　즐기면서 일하는 것의 안 좋은 점을 놀면서 일하는 나쁜 패거리들과 하는 것은 더욱 최악이다.

　그곳에서는 보조를 맞추지 않고 리듬이 나쁘다. 사물을 정리하기 어렵다.

　그것은 수레바퀴에 맞물리지 않는 부품끼리 있는 것과 마찬가지다. 아무리 움직이려 해봐도 결국 아무것도 움직이지 않는다.

'조금 즐기면서 해볼까!'라는 가벼운 생각은 눈앞의 기회를 붙잡을 수 있는 가장 심플한 방법이다. '

일에 임하는 계기를 갖고 싶다면 이 점을 알아두어야 한다. 일을 시작할 때는 거창한 이유가 필요한 것이 아니라 가벼운 마음으로 임하는 자세가 중요하다.

3.
좋은 것은
따라 하라

좋은 것은 적극적으로 받아들인다.

모범적인 좋은 일을 따라하는 것은

"거기에 있는 좋고 특별한 것을 나만의 것으로 만들어 갖고 있는 것이다."

그것은 결코 훔치는 것이 아니다.

훔치는 것은 "상대의 것을 그대로 똑같이 따라 하는 것"이다. 거기에는 자신의 지혜나 배움, 아이디어가 담겨 있지 않다. 다른 사람의 권리를 침해하는 것이다. 그 후에도 더욱 좋은 것으로 전개해 나가는 일도 없다.

예를 들어, 유행하고 있는 코카콜라를 따라 하고 싶다면 '당신만의 상쾌한 음료를 만들도록 한다'. 그리고 그 안에서도 다시 여러 가지로 나눌 수 있다.

만약 완전히 똑같은 것을 그대로 만들어 판다면 권리 침해로 벌을 받게 된다.

따라 하는 것과 훔치는 것을 착각하면 전혀 다른 결과가 나온다.

하지만 많은 사람들이 좋게 평가하며 받아들이고 있고 당신도 공감하는 것으로, 더욱 자신만의 것으로 확장해 나가고 싶은 것은 당신이 받아들임으로써 다른 사람들에게도 역시 공감을 얻을 수 있다.

4.
활기차게
일하라

자신이 운영하는 가게나 직업 또는 무엇이든지 지금 하고 있는 일을 더욱 번성시키고 싶다면 자신의 활동 영역에 '활기를 불어넣도록 한다.' 그러면 한층 운이 좋아지고 더욱 번영할 것이다.

건강식품 회사를 세우고 매년 부자순위에 올랐던 억만장자가 이런 얘기를 했었다.

'가게가 한가하면 자기 핸드폰으로라도 전화를 걸어 전화벨이 울리게 하라. 청소를 하거나 힘찬 소리를 내며 바쁜 것처럼 움직여라!!' 라고 말이다.

그렇게 하면 소리나 움직임에 의해 활기가 생기고 에너지가 높아진다. 그리고 그 순간에 갑자기 손님이 들어오기 시작한다는 것이다.

손님은 활기를 느끼고 나서 반응을 한다. 그래서 활기가 없으면 불안해하고 활기가 있으면 안심하고 방문을 하는 반응이 나타난다.

예를 들어 홀로 일을 하는 직업일 때도 마찬가지이다. 바쁜 듯이 일을 하고 있을 때는 의뢰가 계속해서 들어오지만 한가한 때는 한순간 일이 뚝 멈춰버린다.

활기라고 하는 "기"는 운명의 연쇄반응을 불러일으키는 중요한 요소이다.

5.
쓸데없어 보이는 일에서도
얻을 게 있다

가끔씩 '지금 이런 일이나 하고 있을 때가 아닌데' 라고 생각하면서도 왠지 하고 싶은 일이나 잠시 관여하고 싶은 일이 있다.

딱히 지금 그것이 필요하지 않고 또 너무 바빠서 그것을 할 여유가 없는데도 왠지 신경이 쓰이는 일이 있다. 하지만 그 일은 쓸데없어 보여도 사실은 결코 쓸데없지 않다. 후에 당신에게 좋은 힌트나 유익한 것을 가져다주는 요소가 되기 때문이다.

쓸데없을지도 모르지만 신경이 쓰이는 일은 시간이나 입장, 경제적 문제, 상황이 허락하는 한 하도록 한다.

내 인생을 돌아보면, 나는 작가의 길을 가면서 다른 사람들의 몇 배나 되는 쓸데없는 일을 했다. 그러나 그 일들 덕분에 책을 쓸 때 많은 재료를 얻을 수 있었다. 쓸데없어 보이던 일들이 나를 구해주는 유익한 것이 되었다.

　즉 쓸데없는 일이란 바로 아무것도 하지 않는 것이다.

6.
편안한 마음으로
일하라

정말 좋은 결과나 생각지도 못한 수확은 의외로 편안한 마음으로 임했을 때 나온다.

이를 악물고 필사적으로 하거나 자신을 혹사시키면서까지 그 일에 구애받을 때보다 모든 일이 양호하게 진행된다.

편안한 마음으로 일을 할 때는 긴장감이나 압박감이 없기 때문에 에너지가 가뿐하게 전달된다.

편안한 마음가짐으로 일할 때는 빠르게 진행하고, 힘들어지면 잠시 멈추어 쉬는 것을 기억해 두자.

7

어두운 뉴스는
듣지 마라

어두운 뉴스가 당신의 사기를 높이는 일은 없다.

어두운 뉴스는 당신을 침울하게 하고 걱정, 신경질, 불안감을 증장시킨다. 그때마다 당신 안에는 부정적인 정보가 인풋되어 남는다. 그리고 그것이 어느 일정한 양이 되면, 당신의 마음은 두려워하던 그 일을 야기하는 부정적인 파동을 그리게 된다.

어두운 뉴스는 이 세상에 주의를 주지만 한편으론, 대부분의 경우, 사람들을 공포로 칭칭 감아버리고 만다. 그러니 좀 더 밝은 뉴스, 좋은 뉴스, 빛이 가득한 뉴스에 귀를 기울이자. 아주 사소한 것이라도 좋으니 거기에 눈을 향하고 마음을 맡기고 내일이 희망으로 가득하고 행복이 넘치는 것을 느끼도록 한다!

그리고 희망의 빛이 비추는 미래가 얼마나 훌륭한지 주목한다!

그것만으로도 스스로를 높이고 성공시킬 수 있는 일이 가득해진다.

8.
좋은 이야기에
귀를 기울여라

다른 사람이 좋은 이야기를 하면 적극적으로 귀를
기울인다.

'다른 사람의 일은 나와는 관계없어.'

'다른 사람에게 좋은 일이어도 나에게는 좋은 일이
없으니 비위에 거슬릴 뿐이다.'

'다른 사람의 좋은 이야기 따윈 요기꺼리도 안 된
다.'

라고 하는 것이 아니라 마치 자신의 일인 것처럼 함
께 기뻐한다. 그 사람과 함께 잠시 감동에 빠져 본다.

실은 당신이 듣고 있는 그 좋은 이야기는 당신과 전
혀 관계없는 이야기가 아니다. "당신에게도 곧 그런

일이 일어납니다!"라고 하는 행운의 징조를 예고하는 것이기 때문이다.

좋은 이야기의 파장은 좋은 현상으로 연쇄되기 쉽다. 그 일에 공감하거나 동조함으로써 자신에게도 그 일이 돌아온다.

다른 사람의 좋은 이야기를 듣고 자신의 일처럼 기뻐한다면 그 다음은 당신이 기쁨 가득한 축복의 순간을 맞이하게 될 것이다.

9.
아무것도 하지 않는 사람의 의견은
듣지 마라

당신이 성공하고자 한 가지 일을 시작하면, 분명 주위 사람들은 당신에게 무슨 말을 하기 시작할 것이다.

그런데 정작 본인은 아무 일도 하지 않으면 다른 사람이 무언가를 하려고 하면 반대하거나 트집을 잡고, 나쁘게 말하면서 비판만 하는 사람의 의견을 정말로 들어야 할까?

그가 어떤 일에 목숨을 걸고 열심히 하는 사람이라면 당신이 하는 일과 열심히 일하는 자세를 칭찬할 것이다.

성공하기 위해 노력하는 당신을 존중하고 응원하고 위로해 줄 것이다.

반면, 아무것도 하지 않는 사람은 아무것도 하지 않기 때문에 다른 사람이 위로 올라가는 것을 가만히 보고 있지 못한다. 다른 사람의 발목을 붙잡으며 아무것도 하지 않는 자신을 안심시키려 한다.

10.
불쾌한 일은
피하라

불쾌한 일은 피하는 게 상책이다.

기분을 상하게 하고 감정에 독이 되는 일을 그대로 방치해서는 안 된다.

사람은 때때로

'불쾌한 사람이지만 사귀어놔야 하니 참자.'

'불쾌한 장면이지만 어른으로서 감수하고 받아들이자.'

'불쾌한 이야기지만 어쩔 수 없이 그 이야기를 할 수밖에 없어.'

라는 등 스스로 그 일을 받아들이곤 한다.

하지만 자신이 그렇게 하면서도 실은 마음속 깊은

곳에서는 분노를 느끼고 있다.

불쾌한 감정 하나가 그 사람과 그 일, 그 시간을 얼마나 심란하게 하는지를 생각해보자. 그러면 그 불쾌한 손해가 가진 영향력이 얼마나 큰지 알 수 있을 것이다.

그 일이 꼭 받아들이지 않았어도 되는 일이었다는 것을 나중에는 지겹도록 알게 될 것이다.

성공하는 사람은 기분이나 감정이 얼마만큼 일과 관련되고 진전을 좌우하는지 안다. 또 그것에 주의하는 것이 얼마나 중요한지를 안다.

11.
배우는 것을
즐겨하라

인생의 모든 영역에서 좋은 성과를 내는 사람은, 자신이 관여하고자 하는 일이나 흥미가 있는 일, 두근거리는 일, 좀 더 알고 싶은 일에 욕심을 내고 열심히 관여하는 사람이다.

인생이나 성공에 있어서 공부는 이론이나 지식만이 아니다.

"발견"이나 "감동", "흥미"또한 중요한 의미를 갖고 있다.

배움이란 영화를 보거나 음악을 듣는 일, 누군가와 이야기 하는 일, 어딘가를 향해 가는 일, 책을 읽는 일, 느긋하게 쉬는 일이나 노는 일 같은 것이다. 언뜻 보면 공부와는 전혀 관계가 없어 보이는 부분도 훌륭히 길러야 한다.

성공의 기본은 꿈이나 목표, 달성하고 싶은 일이나 이뤄졌으면 하는 일을 갖는 것에서부터 시작된다. 그러므로 끊임없이 탐구심을 갖고 배우는 것이 중요하다.

12.
노는 것도
잘하라

좋은 직장에서 일을 잘하는 사람, 돈을 많이 모은 사람, 멋진 사랑을 하는 사람은 그에 알맞은 놀이를 하며 여가를 보낸다.

마음을 열고 즐거운 시간을 보내는 것 역시 일에 열중하는 것만큼이나 중요하다. 그래서 여가생활에도 열심히 임한다.

왜냐하면 그러한 사람은 여가가 주는 "자기 개방의 유익"을 알고 있기 때문이다.

일만 하는 고지식한 사람이 되거나 여가생활도 하지 않고 자신을 몰아붙이며 일만 하는 것은 중요하지 않다. 요점은 인생에서 여가를 보낼 수 있을 만큼의 여

유를 가지고 있는가 하는 것이다. 그것이 사람의 그릇을 크게 만들기 때문이다.

성공은 시간적으로나 정신적으로 여유가 있을 때 비로소 비약적으로 커진다.

2장

행동센스를 기르는 방법

즐겁고 활동적인 자세로 임하면
저절로 좋은 기운이 움직이기 시작한다!

13.
마음먹은 순간
바로 행동하라

사람은 필요하기 때문에 어쩔 수 없이 그 일을 하는 것보다 그 일에 대해 '설레는 마음'을 갖고 임할 때 더 빠르고 일도 잘할 수 있다.

어떤 일을 생각할 때도 '좀 더 생각해 보고 할까.', '좀 더 나중에 해도 괜찮겠지.' 라고 생각될 정도의 일은 결코 당신을 움직이게 하는 원동력이 되지 않는다.

"나중으로 미뤄도 괜찮은 일"에 사람들은 좀처럼 손을 대지 않는다.

생각한 순간 바로 움직이고 싶은 일, 흥미롭고 즐거운 일이 바로 당신을 성공으로 이끌어 줄 가장 좋은 길이다.

14.
그 일에
빠르게 착수하라

　성공하고 싶으면서도 좀처럼 움직이지 않는 사람은 아무리 사소한 일이라도 좋으니 일 초라도 빠르게 그 일에 착수하길 바란다.

　모든 것이 완벽하게 준비되어 있지 않더라도 지금 모습 그대로 그 일에 착수해야 한다.

　그래야만 그때부터 일이 움직이기 시작하고 성공에 근접하는 것을 실감할 수 있다.

　좀처럼 성공하지 못하는 사람들의 원인과 고통 중 한 가지는 "그 일에 착수하지 않는 것"이다.

　사람은 어떤 일을 하는 것보다도 그것을 '해야지, 해야지.' 하고 생각만 하고 실행하지 못할 때 더욱 괴

로운 법이다. "하고는 싶지만 못 할 것 같다."라고 생각하는 시간이 길어질수록 정신은 피곤해진다.

차라리 바로 해 버리면 마음은 편해질 텐데 말이다.

마치 학창시절 때 시험을 보기 전에 '해야 돼, 해야 돼.'라고 생각하면서도 정작 공부는 하지 않는 시간이 더 힘든 것처럼 말이다.

착수하고 나면 모든 어려움에서 한순간에 해방된다. 그리고 그 일은 스스로 움직이기 시작한다.

15.
만반의 준비는
은밀하게 하라

당신이 하려고 하는 일을 일일이 다른 사람들에게 퍼뜨리거나 그 일의 대단함을 떠버릴 필요 없다.

정말로 성공을 원한다면 은밀하게 준비해 나가야 한다.

일을 시작도 하기 전에 사람들에게 이것저것 말을 퍼뜨리면 당신 안의 일에 대한 에너지가 새어나간다. 당신은 밝은 표정으로 사람들에게 말하기는커녕 오히려 풀 죽은 자신의 모습을 보게 될 것이다.

은밀하고 원대하게 부풀어진 생각은 큰 에너지가 되어 당신 안에 고이게 된다. 그리고 그 일에 착수했을 때, 그것은 엄청난 폭발력으로 변하며 모든 어려움을 돌파해 나가게 한다.

절대 실수하고 싶지 않은 빅 이벤트일수록 상당한 파워를 필요로 한다. 그러므로 거기에 관계된 필요한, 최소한의 사람들에게만 말하고 그다음은 은밀하게 진행해 나가야 한다.

자신 안에 숨겨진 파워가 얼마나 대단한지 느껴보길 바란다.

한 스타가 이런 말을 했었다.

"'이것은 절대로 망가지지 않았으면 좋겠다. 크고 훌륭한 일이다.' 라고 생각하는 것일수록 사람들에게 말하고 나면 왠지 망가져 버린다. 그래서 나는 스케일이 큰 것일수록 아무에게도 말하지 않고 은밀하게 진행했다. 그러자 늘 대성공하게 되고 엄청난 결과를 얻었다. 나조차도 놀라울 정도로 말이다."

16.
때로는
조바심도 내라

때로는 다른 사람의 비약적인 발전이나 대성공을 보며 조바심을 가질 필요가 있다.

'앗! 그 친구가 이렇게 엄청난 사람이 되다니!'

'그 친구, 언제부터 이런 대단한 일을 하고 있었던 거지!'

하며 나도 모르는 사이에 다른 사람이 나보다 높은 곳으로 올라가며 성공한 모습을 현실적인 눈으로 봐야 한다. 그것을 알고 느껴보길 바란다.

'그때, 나는 무얼 하고 있었지.' 라고 하는 조바심은 그 사람을 쫓아가고 앞지르게 하는 정신력을 길러준다. 또 당신을 힘차게 밀어붙여 움직이게 하는 원동력

이 되기도 한다.

　조바심은 결코 부정적인 요소가 아니다. 때로는 아무 말 없이 당신의 등을 밀어주는 "성공의 사인"이다.

17.
때로는
한탄하라

'나는 무얼 하고 있는 거지'

'이러고 있어도 괜찮은 걸까?'

하며 가끔은 한탄하는 것도 필요하다.

한탄은 보다 성장하고 싶다고 하는 영혼의 외침이다.

그 영혼의 외침을 제대로 들은 사람은 더욱 성공하기 위해 스스로 노력한다.

탄식은 자신을 비하하거나 침울해지기 위해서 하는 것이 아니다. 당신 자신의 미래에 밝은 불을 붙이는 착화제가 되어야 한다.

탄식을 돌파하면 분위기는 다시 호전된다.

18.
비상시를
예비해 두어라

　어떤 일을 추진해 나갈 때, 비상시에 대처할 예비를 해둔 사람과 하지 않은 사람은 기회를 붙잡는 방법이 다르다.

　비상시를 예비해 둔 사람은 늘 여유롭게 일한다.

　'이것밖에 없으니까 이게 없어지면 큰일이다.' 는 생각과 여유가 없음으로 인해서 생기는 비장감은 자기 스스로를 몰아붙이는 결과로 이어지기 쉽다.

　비상시를 예비해 두었을 때의 여유가 주는 좋은 감각을 기억해 두길 바란다.

19.
시계를
보지 마라

역사적인 발명왕 에디슨이 이런 말을 했다.

'젊은이들은 이것을 명심하길 바란다. 절대 시계를 보지 마라.'

시간 따위는 신경도 안 쓰일 만큼 그 일에 열중하고 도대체 지금이 몇 시인지도 알 수 없을 정도로 그 일에 빠진 사람들이 있다. 얼마만큼의 시간이 경과했는지도 모를 정도로 그 일에 열중한 사람들은 반드시 그 일을 통해 위업을 이루게 될 것이다!

시계에만 정신이 팔려 있는 것은 그 일에 집중하지 못하고 있다는 증거이다. 열중하고 있을 때는 시간이 늘 눈 깜짝할 사이에 지나가 버리기 때문이다.

20.
아무리 늦은 시간에라도
해라

정말로 그 일에 몰두한 사람들은 아무리 늦은 시간이라도 기꺼이 그 일을 해버린다.

예전, 한 연구소의 사장이 이런 이야기를 했었다.

"나는 한 상사가 '지금 와줄 수 있겠나.' 라며 불러냈을 때, 너무 기쁜 나머지 그때가 몇 시인지도 보지 않고 바로 달려 나갔었다. 지금 생각하면 한밤중에 늦은 시간이었지만 그때 그가 불러서 함께 일을 하게 된 것이 너무나 기뻐서 어쩔 수 없었다."

그 시간에 불러냈다고 하는 것은 당연히 그 상사도 그 시간까지 일을 하고 있었다는 것이다.

큰 성공을 이룬 사람들은 아무리 늦은 시간이라 하더라도 시간에 상관없이 그 일이나 꿈에 납득할 때까지 열중한다.

그리고 그 모습에 감동을 받은 주위 사람들도 그 일을 꼭 성공시키기 위해 자발적으로 움직이기 시작한다.

21.
핸드폰에
메모하라

수첩이나 필기도구가 없을 때 갑자기 좋은 아이디어가 떠오르거나 엄청난 힌트를 발견하곤 한다.

그런 때에는 그냥 넘어가지 말고 핸드폰에 메모를 하거나 집이나 회사 컴퓨터에 곧바로 메일을 보내놓는다.

번뜩임은 신선한 야채와 같다. 신선할 때 처리하지 않으면 시들어서 먹을 수 없게 되어버린다.

가끔 핸드폰을 집에 두고 나왔을 때에는 바로 근처 편의점으로 가서 볼펜과 메모지를 산다. 그리고 그 내용을 반드시 적어둔다.

'일부러 편의점에 가서 필기도구를 사기에는 돈이

아까워. 집에 볼펜이랑 메모지가 굴러다니는데 말이야.' 라고 느긋한 생각이나 하며 바로 메모를 해두지 않으면 완전히 잊어버리게 된다. 아무리 생각해내려고 해도 결코 생각나지 않는다.

그러다 자신의 생각과 비슷한 것을 다른 사람이 하고 있는 것을 보면 '아뿔싸! 내가 생각하고 있던 것과 똑같은 것을 하는 사람이 있었다니!' 라는 생각을 할 것이다. 그러나 이미 그때는 늦었다. 번뜩이는 아이디어가 나에게 있어도 결국엔 그것을 실현하는 사람의 승리이기 때문이다!

진짜 아까운 것은 새 필기도구를 사는데 지출한 돈이 아니라, 모처럼 떠오른 훌륭한 아이디어를 스스로 잃어버리는 것이다.

또, 이것과 비슷한 예로 잠들기 전에 떠오른 생각들이 있다.

모든 일을 정리하고 침대에 누워 겨우 잠들려고 하는 순간, '앗!' 하고 불현듯 떠오르는 생각들이 있다. 그때 자리에서 일어나 불을 키는 수고를 아까워하며 '뭐, 내일 아침에 해도 되겠지.' 라고 생각하고 넘어가 버려서는 안 된다. 아무리 노력해도 결코 생각나지 않을 엄청난 아이디어를 잃게 되기 때문이다.

그런 일이 없도록 나는 베개 옆에 작은 스탠드와 펜, 종이, 노트북을 늘 놓아둔다.

덧붙여 말하면, 베스트셀러가 된 나의 책들의 제목은 늘 자기 전이나 어슬렁거리며 거리를 걷고 있을 때 떠오른 것들이다. 긴장을 늦추고 있는 순간에야말로 생각지도 못한 엄청난 아이디어들이 쏟아진다.

마치 하느님이 '옛다~ 가져라.'라며 주는 것 같은 아이디어들을 채용하면 늘 터무니없을 정도로 좋은 결과와 보수로 이어졌다.

그런 보물을 무시하는 사람이 있다니, 너무나 아까울 따름이다.

22.
일일이 안주하지
말라

다른 사람들보다 일을 더 잘 이끌어나가고 싶다. 좋은 결과를 얻고 관계된 모든 일들을 계속해서 성공시키고 싶다. 만약 당신이 이런 생각을 한다면, 한 가지 일을 이룰 때마다 안도하면서 일일이 안주해서는 안 된다.

안주하기 시작하면 모처럼 움직이기 시작한 행운의 리듬이 어긋나서 해피 플로(흐름)를 만들기 어려워진다.

해피 플로는 당신이 리드미컬하고 연속적으로 그 일에 에너지를 쏟고 시간을 투자할 때 저절로 생겨난다. 그리고 일단 그 흐름이 생기기 시작하면 그 다음은

당신이 아무것도 하지 않아도 오히려 일이 잘 흘러간다.

맨 처음 에너지를 만들어 두면 그 다음은 에너지가 알아서 일을 한다.

성공하는 사람은 잘게 썬 토막과 같다. 큰 토막에는 움직이지 않고 차례차례 연속적으로 다음 일에 착수한다. 흘러가듯이 관련 일을 하거나 해야 할 일을 하면서 마치 바닥이 보이지 않는 강 같은 많은 돈을 모은다.

23.
동시진행형으로
일하라

성공하는 사람은 일정한 시간 속에서 보다 많은 성과를 만들어내는데 뛰어나다.

그 비결은 "동시 진행으로 사물을 움직이는 것"이다.

그것은 결코 어려운 일이 아니다. 당신도 바빠서 시간이 없는 일상생활 속에서 늘 하고 있는 일이다.

예를 들면, 매우 보고 싶었던 텔레비전 방송을 느긋하게 보고 싶을 때, 그 시간까지 모든 일을 전부 정리해 두려고 하는 경우이다.

당신은 그 시간까지 집안일을 단숨에 정리하기 위해 세탁기를 돌리면서 청소기를 돌린다. 그리고 귀로

는 배우고 싶은 학습 CD 등을 들으면서 밥솥의 스위치를 누른다. 그러면서 욕조에 뜨거운 물을 받는 등의 일을 한다.

이 모습은 마치 중국의 기예단 같아서 왠지 감동적이기까지 하다.

이마 위에 봉을 얹고 접시를 돌리면서 오른손으로 접시를 돌리고 그 상태 그대로 몸을 둥글게 말아 웅크리고 앉는다. 이때 왼손으로도 접시를 돌리고 발로는 방석을 돌리는 것 같은 기술 말이다.

그 일을 하고 있는 자신을 '정말 대단해!' 라며 칭찬하고 싶어진다.

성공한 사람들은 바쁜 것도 또 다른 의미의 즐거움이라고 생각한다.

성공한 사람은 이렇게 이것저것 동시에 진행하면서 무엇인가를 완성해낸다. 그것을 통해 연속적인 성공을 확보하고 이어나간다.

24.
단숨에
속도를 내라

비행기가 하늘을 높이 날기 위해서는 우선 기체를 날아오르려는 방향의 활주로로 향하게 한다. 그리고 그 활주로에 도착하면 점점 스피드를 올리며 활주로를 달리기 시작한다.

그리고 날아오르는 순간까지 속도를 올리며 달리다가 기체를 하늘로 향하며 단숨에 엔진을 전개해서 날아오른다.

하늘에 날아올랐어도 어느 일정한 상공에 다다를 때까지 계속해서 가속해야 한다.

안정된 비행을 해도 되는 곳에 도착했을 때 차츰 기체를 쉬게 한다.

그곳에 오를 수 있었던 것은 그곳에 도착하기까지 전속력으로 달리며 엔진을 전개하고 모든 에너지를 집중하여 단숨에 달려온 덕분이다.

만약에라도 도중에 스피드를 낮추거나 엔진을 약하게 했다면 하늘을 높이 날거나 안정된 비행을 할 수 없었을 것이다. 그 순간 바로 추락했을 것이다.

만약 당신이 '반드시 성공하자!', '다른 사람들보다 더욱 높이 올라가자!' 라고 생각했다면 어느 일정 장소에 갈 때까지는 계속해서 가속을 내야 한다.

그러면 당신은 떨어지지 않고 목표한 높이에 오를 수 있다. 그곳에서 미소 지으며 여유롭게 쉴 수 있을 것이다.

3장

꿈, 비전을
주시하는
방법

큰 뜻을 품은 자만이
좋은 결과를 손에 넣는다.

25.
큰 꿈을
가져라

외국 철학자들이 이런 말을 남겼다.

'소년이여, 야망을 가져라!'

'크게 되는 사람은 큰 꿈을 꾸는 사람이다.'

성공하는 사람은 예외 없이 큰 꿈을 가졌다.

큰 꿈만이 주는 큰 원동력이 있다.

큰 꿈은 늘 올려다봐야 한다. 하지만 진정한 행복을 주는 희망은 늘 그렇게 올려다 본 장소에 있다. 고개를 숙이고 바라보는 그 밑에는 없다.

큰 꿈은 사람들을 동경하게 하고 위를 목표로 하며 그곳에 오르고 싶은 열망을 준다. 그러한 열망을 가진 사람만이 목표를 향해 한 발자국을 내딛을 수 있다.

26.
달성된 비전을
미리 내다보라

K씨는 유명한 히트곡 메이커이다. 시대를 만드는 사람이라고 불릴 정도로 그의 손에 걸리기만 하면 모든 노래가 그 시대의 유행이 되고 붐을 일으킨다.

한 기자가 K씨와의 인터뷰에서 히트곡을 만들어낸 이유와 계속해서 성공하는 비결을 물었다. 그러자 K씨는 이렇게 대답했다.

"나는 그 가수에게 노래를 제공할 때, 어떤 표정을 지으며 어떤 눈빛으로, 어떤 목소리로, 어떤 동작을 취하며 어떤 의상을 입고 노래를 부를 것인지 생각합니다. 어떤 노래를 부르는 것이 그 사람의 매력을 가장 잘 나타낼 수 있을까를 먼저 상상합니다. 그리고 그 가수가 노래하는 모습을 상상하며 곡을 완성했을 때, 이번에는 그 노래를 어떤 사람들이 부를까, 어느 거리에 틀어놓을까, 어떤 장면에서 흘러나오면 멋있을까, 이 노래가 흐르고 있는 거리나 생활의 한 장면, 사람들의 모습을 상상 속에서 리얼하게 보고 그저 거기에 매치해서 만들 뿐입니다."

그는 히트곡을 만들 때부터 이미 마음의 눈으로 그 노래가 히트한 후의 사람들의 반응과 이 세상의 현상을 포함한 비전을 리얼하게 보고 있었다.

그렇게 내다본 비전은 창조적인 마법의 힘을 가지고 현실에서 나타난다.

그리고 K씨는 이 말도 덧붙였다.

"라스트 장면이 보이지 않거나 목표의 순간이 보이지 않는 것은 노래가 만들어지지 않고 히트도 되지 않습니다."

사람은 보이지 않는 것을 만들 수 없다.

그러나 반대로 보이기만 하면 그다음은 그것을 현실 속에서 그대로 따라 하면 그만이다.

어떤 분야에서든지 최고로 잘 나가는 사람들은 모두 마음속에서 꿈을 달성한 장면을 본 사람들이다.

그 최종결과가 현실에서 이루어진 것을 말이다.

27.
앞으로 어떻게 될지를
상상하라

계속해서 성공하는 사람은 단 한 번의 성공에 만족하거나 거기에 안주하지 않는다.

성공은 한순간만 달성하면 되는 환상 같은 것이 아니다. 끊임없이 당신의 인생을 지탱하고 현실에서 계속 유지되어야 하는 의의가 있다.

이것을 이루기 위해서는 한 가지를 달성하고 난 다음, 무엇을 보는지가 중요하다.

앞으로 세상이 어떻게 반응하고 어떻게 움직이는지를 예견할 수 있어야 한다.

이러한 예견은 당신이 이 세계에서 무엇인가를 이뤄낸 경험이 많을수록 유리하다. 만약 적더라도 성공

체험이 많으면 많을수록 날카로운 과녁도 맞출 수 있게 된다.

이다음에 전개될 상황을 상상할 수 있는 사람만이 다음 단계로 나아갈 수 있고 그것을 성공시킬 수 있다.

앞으로 어떻게 행동할 것인가는 그 일을 마친 다음에 알게 된다. 바로 자신의 감정이나 느낌, 원하는 것, 요구되는 것, 없는 무언가를 찾는 것에 의해 저절로 인도되기 때문이다.

어떤 일을 시작하기 전에 먼저 앞으로의 일을 상상할 수 있는 사람이 최강의 승자가 될 수 있다.

28.
좋아하는 만큼
그 일에 몰두하라

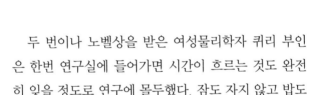

두 번이나 노벨상을 받은 여성물리학자 퀴리 부인은 한번 연구실에 들어가면 시간이 흐르는 것도 완전히 잊을 정도로 연구에 몰두했다. 잠도 자지 않고 밥도 먹지 않고 며칠 동안을 연구실에 틀어박혀서 아무리 불러도 나오지 않았다고 한다.

엄청난 집중력을 가지고 늘 연구에 몰두하는 모습은 '어쩜 저렇게 힘들고 격한 일을 할까!', '이제 그만두고 빨리 나와!'라며 걱정할 일이다. 그러나 과학을 사랑하는 그녀에게 있어서 연구는 늘 즐겁고 흥미로운 일이었고 가슴을 두근거리게 만드는 일이었다. 그렇기 때문에 그녀는 모든 사람들에게 도움이 되도록 모든

것을 공표할 수 있었다.

그녀는 연구 중에 새로운 것을 발견했을 때에는 몇 번씩이나 신비한 기적 같은 순간을 맛보았다고 한다.

후에 그녀는 연구를 하는 중에 방사능에 노출되어 백혈병에 걸리게 되었다. 그러나 점차 의식이 희미해 져 가는 그 순간에도 그녀는 침대 위에서 '그건 라듐 인가? 아니면…….' 이라며 연구에 관한 것을 잠꼬대로 할 정도였다.

위대한 사람들은 늘 자신의 일을 좋아하고 흥미가 끊이지 않아서 그 일을 하지 않고는 도저히 참을 수 없 었다. 외양 따위는 개의치 않고 그 일에 열중했다.

좋아하는 만큼 그 일에 몰두하는 것보다 사람을 크 게 성공시키는 힘은 없다.

29.
다른 사람의 의견보다
자신의 의견에 귀를 귀울여라

언젠가 집필 방향을 잃어버린 한 작가가 있었다. 책도 처음에는 그런대로 슬슬 팔렸다. 그러나 점차 지나칠 정도로 독자들을 신경 쓰고 관계자들의 희망을 듣게 되었다. 주위 사람들의 의견을 받아들이다 보니 어느새 엉망진창이 되어 결국 갈피를 잡지 못하게 되었다.

'좀 더 이렇게 합시다.'

'그 외에 이런 것도 써 주십시오.'

'○○가 △△을 쓰고 있으니까 그것에 맞춰서 우리도 ㅁㅁ로 합시다.' 라는 것들이었다.

그 작가에게는 자신만의 개성이 있었다. 하지만 여러 가지 목소리의 공격으로 인해 점점 노이로제에 걸린 것처럼 아무것도 쓰지 못하게 되었다.

원인은 요즘 세상의 변화에 맞추지 못했기 때문이 아니다. 자신의 좋은 점과 자신만의 개성을 잃어버렸기 때문이다.

나는 '이것을 전하기 위해서 글을 쓴다.'고 생각한다면 자신답게 글을 써야 한다.

예를 들어 당신이 라면가게를 시작한다고 하면 주위 사람들은 '라면은 이제 한물 갔어. 지금은 카레가 붐이야.', '지금은 라면이나 카레가 아니라 이탈리아 음식을 해야 해!', '주부나 직업여성들은 프랑스식 요리에 모여들고 있어.'라는 말들을 할지도 모른다. 그 말을 듣고 당신이 만약 다른 사람의 의견에 맞추려고 한다든가 '다른 사람들이 하는 말도 들어두자.'라며 뭐든지 다 받아들였다고 하자. 그러면 결국 당신 자신은 물론 주위 사람들마저도 애초에 당신이 무엇을 하려고 했는지 전혀 모르게 되어버린다.

자신의 처음 이미지나 생각을 이루고 성공시키기 위해서는 그 일에 흔들림 없이 일관하는 것이 중요하다.

　당신이 제일의 라면가게를 만들고 싶다면 거기에
필요한 일들을 철저하게 준비하면 된다. 일일이 주변
의 목소리를 주워 모아서 잡동사니 가게를 만들거나
다른 사람처럼 될 필요는 없다.

30.
도전
하라

　정말로 사람을 성공시키는 일은 식은 죽 먹기 식의 쉬운 일이 아니다. 그 일을 하기 위해서는 스스로 보기에도 "도전"이라는 생각이 들 정도로 조금 엄청난 일이다.

　결코 쉽게 손이 닿는 안이한 목표가 아니다. 현재 자신이 있는 위치에서 봤을 때, 왠지 승부를 해야 할 것 같고 그 일과 관련되면 가슴이 두근거리는 목표이다. 긴장하게 되고 또 약간은 풀이 죽을 것 같은 기분이 드는 그런 목표이다.

　그러나 그렇기 때문에 더욱 동경하게 되고 용기를 준다. 도전해야만 얻을 수 있는 꿈이야말로 그것을 이루면 얼마나 좋을까하는 큰 기쁨을 안겨다 준다.

　도전하는 사람만이 영광의 순간을 손에 넣을 수 있
다.

31

분수를 모르는
당돌함이 필요하다

눈에 띄게 성공한 사람들은 옆에서 보면 '당돌하다'고 할 만한 것들을 생각하고 실행한다.

하지만 이 "분수"라는 것만큼 애매한 것도 없다.

도대체 누가 내면의 위대함을 그 "어떤 기준"으로 잴 수 있단 말인가?

위대한 일을 완수하는 것은 지위나 명예, 재산 같은 것들이 아니다. 그것은 바로 그가 내면에 품고 있는 생각과 '어떤 사람이 되겠다.'고 하는 커다란 희망, 장대한 비전과 넘쳐나는 에너지이다.

자신의 좁은 소견과 사고로 다른 사람의 분수를 재고 비판하는 사람들이 당신을 '분수도 모르는 사람'이라고 말할 수도 있다. 그래도 당신은 웃으며 꿈을 향해 계속해서 도전해 나가야 한다.

　마지막에 웃는 것은 그것을 완수해 낸 바로 당신이다.

32.
가끔은
실수도 저질러라

　당신이 어떤 일을 해나가는 과정에서 가끔은 실수를 저지르는 때도 있을 것이다.

　성공하고자 하는 사람은 늘 도전하는 사람이기 때문에 가끔씩 해본 적 없는 일이나 경험해 본적 없는 일을 하게 된다. 때론 매우 거대한 일을 접하기도 한다. 성공해 본 경험이 적은 초반에는 당연히 일이 잘 풀리지 않거나 실수를 저지르는 일도 생긴다.

　그때 옆에서 보고 있던 사람들이나 아무것도 모르는 사람들은 당신이 중대한 실수를 한 것처럼 비판하고 흉을 볼 수도 있다. 그러나 성공하는 사람들에게 있어서 실수를 저지르는 것은 나쁜 일이 아니다. 왜 그런 실수를 저질렀는지를 생각하는 계기가 되고 그것을 통과할 수 있는 기회가 되기 때문이다. 실수는 더욱 좋은 결과를 만들게 하는 사건일 뿐이다.

한 번도 실수하지 않고 성공을 이뤘다는 것은 그가 굉장한 일을 벌이지 않았다는 것이다.

엄청난 성공을 이룬 사람은 어중간하지 않은 실수를 저지른다.

33.
이루고 싶은 비전에만
주목하라

　나의 지인 중에 예전에는 패션 잡지 모델을 하다가 현재는 비버리 힐즈의 호화 저택에 살고 있는 여성이 있다. 그녀는 마치 아침부터 밤까지 우아한 시간을 보내기 위해 사는 것 같았다.

　그녀는 아침에 일어나면 우선 예쁘게 화장을 하고 마음에 드는 옷을 입는다. 그리고 청명한 날씨 속에서 귀여운 애완견과 산책을 나가 신선한 바람을 쐰다.

　점심은 친구를 불러서 유명 음식점에서 먹고 오후부터는 네일살롱에 간다. 손톱을 정리하고 아로마 보디마사지로 심신의 피로를 푼다.

　그다음은 '뭐 좋은 물건이 있으려나?' 하며 로데오

드라이브에서 쇼핑을 한다.

저녁은 집에 머무는 요리사가 맛있는 요리를 만들어준다.

그 사이 그녀는 우아한 음악타임을 가지며 느긋하게 쉰다.

이런 일들을 매일, 진짜로 하고 있었다.

옛날에 나는 그녀에게 이런 질문을 한 적이 있다.

'어떻게 하면 그렇게 우아한 생활을 할 수 있어요?'

그러자 그녀는 미소를 지으며 이렇게 대답했다.

'어머, 나는 처음부터 이런 생활이 당연하다고 생각했었어요. 이런 생활밖에 상상하지 않았어요. 다른 생활은 어떻다는 거지요?(호호)'

그리고 옆에 있는 그녀의 남편에게

'부인이 이런 우아한 생활을 하고 있는데, 밖에서 일하는 남편으로서 어떤 기분이 들어요? "조금은 집에서 가사일도 해야지."라는 생각도 들지 않아요?(하하)'

하고 물어보자, 그는 이렇게 대답했다.

'왜? 왜 그런 생각을 해야 하지요?(허허). 나는 그녀가 계속해서 아름답고 늘 행복하고 우아한 여성으로 있어 줬으면 해요. 그런 그녀의 모습을 보는 게 나의

기쁨이에요. 나는 그녀가 그렇게 지내는 것이 그녀가 해야 할 일이라고 생각해요(하하).'

두 사람과 이야기 하고 있으니,

'이런 풍족하고 사치스런 생활은 있을 수 없어!' 라고 생각하는 내가 더 이상하게 여겨졌다.

34

행복을 당연한 것으로
여겨라

다른 사람의 풍족한 인생을 보며 '저렇게 살 수 있는 건 일부 사람들뿐이야', '그건 특별한 예일 뿐이야', '그런 사람들은 원래부터 부자였어.'라고 생각하는가?

이제 그런 일들은 특별하고 예외적인 것이며 이례적인 일로 생각하거나 자신과는 관계가 없는 다른 사람의 일로 여기는 것은 그만둔다.

왜냐하면 관계도 없는 일들이 당신 눈앞에 나타날리 없기 때문이다.

눈에 보이거나 귀에 들리고, 가까이서 만질 수 있는 것들은 늘 당신을 자극하며 당신을 좋은 방향으로 이끌고 싶다는 사인을 보내곤 한다.

'다른 사람들의 일이야.' 라고 생각할 것인가, '언젠가 나도 저렇게 돼야지.' 라고 생각할 것인가. 어떤 생각을 하는지에 따라 그 현상을 보고 듣고 만진 뒤의 과정이나 결과는 변하게 된다.

행복한 인생은 당연한 것이다.

커다란 성공을 얻고 거대한 부를 쌓는 일도 '당연히 나에게도 이루어질 일이다.' 라고 생각할 수 있는 사람만이 그것을 이룰 수 있다.

4장

성공 마인드를
기르는
방법

달성시키고자 하는 마음자세가
모든 것을 돌파하고 이루어 나간다!

묵묵히
그 일을 하라

콜럼버스는 아메리카 대륙을 발견한 사람으로 유명
하다.

그는 아무도, 아무것도 예측하지 않던 시대에 오직
혼자서 배에 희망을 가득 싣고 긴 항해를 떠났다.

그는 많은 사람들의 반대의견을 물리치고 목표한
방향으로 키를 잡고 나아가기 시작했다.

그리고 마침내 아메리카 대륙을 발견했다.

그런 그가 도중에 어느 물가에 도착했을 때, 한 사
람이 그에게 이렇게 물었다.

'당신은 무엇을 하려는 겁니까? 매우 긴 항해가 될
것 같은데 그 사이 당신은 배 안에서 도대체 무엇을 하

고 있습니까?'

그러자 콜럼버스가 이렇게 대답했다고 한다.

'나는 서쪽으로, 그저 서쪽으로 갈 뿐입니다. 그것이 내가 해야 할 일이기 때문입니다. 어제도 그 전날도 계속해서 나는 서쪽으로 향하고 있었습니다. 그리고 오늘도 내일도 내일 모레도 나는 서쪽으로 갈 것입니다. 이것은 매우 중요한 일입니다. 왜냐하면 그 방향에 내가 찾고 있는 것이 있다는 것을 알기 때문입니다. 그리고 나는 아직 아무도 보지 못한 그 장소에 정말로 그것이 있다는 것을 믿고 있습니다. 그러므로 그저 그 믿음을 향해 돌진할 뿐입니다.'

많은 사람들은 꿈이나 희망을 향해 나갈 때 무엇을 위해서인가, 어떻게 하기 위해서인가라고 하는 질문에 너무나 구애를 받는다.

그러나 아무리 시간이 걸리더라도 자신이 믿고 있는 것을 확실히 손에 넣는 사람은 그런 이유에 연연하지 않는다. 그저 그렇게 믿고 그 현실을 보고 싶다는 일념으로 나아간다. 그렇게 하고 싶기 때문에 하는 것이라는 방식을 일관할 뿐이다.

36.
'왜?' 를
생각하라

    발명왕 에디슨은 성공하는가 못하는가에 대해 매우 심플하면서 실로 정확한 말을 남겼다.

    '왜 성공하지 못하는가 하면 그것은 생각하는 노력을 하지 않았기 때문이다.'

    에디슨은 어렸을 때부터 무엇이든지 '왜, 왜?' 하며 학교 선생님과 어머니께 물어보고 다녔다. 모르는 것은 그 답을 알고 자신이 납득할 때까지 어떻게든 찾아서 그 답을 손에 넣었다고 한다.

    하루는 학교 선생님이 수업을 진행할 수 없을 정도로 에디슨은 끈질기게 묻기 시작했다. 그러자 선생님은 에디슨에게 모욕적인 말들을 내뱉었다.

어머니는 학교에 항의를 하러 와서 에디슨을 귀찮게 여기는 선생님으로부터 에디슨을 데리고 왔다. 그리고는 학교를 그만두게 하고 자신이 직접 곁에서 가르치기 시작했다.

그 후에도 에디슨의 탐구심과 흥미는 사라지는 법이 없었다.

그리고 어른이 되어서도 관성을 가지고 있었다. 그리하여 그는 이 세상에 수많은 발명품을 남길 수 있었다.

우리가 에디슨의 관성을 조금이라도 가지고 있다면 분명 더 잘할 수 있는 일들이 많을 것이다.

'왜 그 상품만 팔고 있는 걸까?'

'왜 사람들은 그것을 요구하는 걸까?'

'왜 저 사람만 사랑받는 걸까?'

'왜 저 사람에게만 오퍼가 들어오는 걸까?'

'왜 저번 일은 잘 풀리지 않았던 거지?'

'왜 이번에는 전보다 편하게 했는데 일이 잘 풀린 걸까?'

그 '왜?'의 답은 전부 그 대상 속에 포함되어 있다. 그리고 그 대상은 해답을 발견하길 늘 바라며 '왜?'를 해명하고 싶어 하는 사람에게 사인을 보내고 있다.

37.
그것에
주목하라

다수의 희귀한 별과 미해명 되었던 별자리를 발견한 어느 유명한 천문학자가 있었다. 그에게 '어떻게 그 별을 발견하게 되신 겁니까?', '그 별이 몇 억 광년 전의 것이라는 것을 어떻게 아셨습니까?' 라고 물었다. 그러자 그는 이렇게 대답했다.

'나는 뭔가 있지 않을까 하는 생각에 늘 하늘을 관찰합니다. 그러던 어느 날 그 별을 발견했습니다. 그리고 그 별을 가만히 보고 있었지요. 그러자 별이 나에게 여러 가지 이야기를 해주며 가르쳐 주었답니다. 그저 그것을 자세히 바라보고 있으면 그 안에 모든 답이 있습니다.'

알고 싶다면 그것을 자세히 봐야 한다.

성공을 손에 넣는 비결은 그 일에 대하여 자세히 아는 것이다.

성공이 무엇인지 알고 싶다면 우선, 성공한 사람들이 하는 일을 자세히 관찰해야 한다.

38.
성공을
약속하라

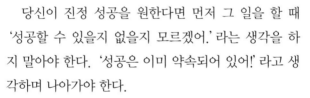

　당신이 진정 성공을 원한다면 먼저 그 일을 할 때 '성공할 수 있을지 없을지 모르겠어.'라는 생각을 하지 말아야 한다. '성공은 이미 약속되어 있어!'라고 생각하며 나아가야 한다.

　그다음에는 자신의 진가를 어떻게 발휘할 것인가를 생각한다.

　'성공을 약속한다.'는 것은 아무런 정체도 없고 보이지도 않는 운명 같은 것에 약속하는 것이 아니다. '그 일에 실제로 연관되어 있는 바로 나 자신'과의 약속이다.

　'성공할 때까지 이 일을 계속해 나갈 것이다.'라고

스스로에게 약속한다.

정체도 모르는 운명 따위에 '신이시여~ 약속해 주소서~' 라고 비는 것이 아니라 '나는 반드시 성공해 보이겠어! 성공할 때까지 이 일을 하겠어!' 라며 스스로에게 약속하는 것이다.

무슨 일이 있어도 '하겠다.' 라고 하는 자신과의 약속이기 때문에 도중에 무슨 일이 있어도 해야만 한다.

자신과 약속하지 않은 사람은 '신이 꿈을 이뤄주지 않았다.' 고 하는 등 모든 것을 운명의 탓으로 돌려버린다.

신이 당신을 지켜봐주고 있을지는 몰라도 모든 일을 해주지는 않는다. 끝까지 해나가야 하는 것은 바로 당신 자신이다.

'이렇게 열심히 하고 있으니까 신이 꼭 도와줄 거야. 나를 지켜줄 거야. 틀림없이 구해줄 거야.' 라는 마음으로 하기 때문에 우주의 가호와도 약속하게 된다.

그러면 눈에 보이지 않는 존재를 마음에 모시고 전진할 수 있어서 힘을 낼 수도 있다.

만약 어떤 일을 아무리 거절당해도 그것을 포기하지 않는다.

얼마든지 깨닫고 개선하며 성장해서 끝까지 완수해

내려고 할 것이다.

도중에 무슨 일이 있을 때마다 휘청거리고 비틀거리는 것은 자기 자신과 약속하지 않았기 때문이다.

39.
부탁도
지혜롭게 하라

가끔씩 혼자 행동하는 것만으로는 생각만큼 일이 잘 안 풀리고 다른 사람에게 그 일을 부탁할 수밖에 없는 경우가 있다.

그 일에 적합한 사람의 협력이나 서포터, 원조가 있음으로 보다 발전적으로 일이 잘 풀리는 경우도 있다.

그런 때에는 부탁을 잘 해야 한다.

능숙하게 Yes를 얻기 위해서는

❶ '가볍게 부탁한다.'

❷ '정중하게 부탁한다.'

❸ '열정과 감동을 보여준다.'

❹ '자발적으로 임할 것이라는 자세를 전한다.'

가볍게 부탁한다고 하는 것은 '해줘, 해줘.' 하고 경망스럽게 부탁하는 것을 말하는 것이 아니다.

상대방이 부담을 느끼거나 마음이 무겁지 않도록 부탁하는 것이다.

'제발 꼭 좀 부탁드립니다!'

'이게 해결되지 않으면 전 죽을지도 모릅니다!'

'당신밖에 부탁할 사람이 없습니다. 거절하시면 정말 안 됩니다.' 라고 말하며 부탁하는 것은 최악의 방법이다.

그럴 때에는 이렇게 부탁한다.

'○○을 하려고 생각 중이어서 저는 △△를 해보려고 합니다. 만약 가능하다면 ㅁㅁ를 부탁드립니다.'

'그것이 가능하다면 일이 잘 진행될 것입니다. 함께 해보지 않으시겠습니까?' 라는 등 상대방이 부담을 느끼지 않는 동시에 거절해도 괜찮다고 하는 분위기를 전한다. 함께 하면 즐거울 것이고 이 일을 받아들여도 아무런 손해를 보지 않을 것이라는 것을 제시한다. 그 일에 Yes라고 말하지 않아도 상대방과의 관계는 지금까지와 조금도 변하지 않을 것이라는 것을 보여준다. 그러니 안심하고 들어주길 바란다고 말한다.

그리고 그 일을 하고자 하는 당신 자신이 열정적으

로 참여하며 자발적으로 행동하고 어떤 결과라 하더라
도 기꺼이 받아들이겠다는 것을 말한다. 그러면 그 사
람은 함께 일하는 것을 주저하지 않을 것이다. 팔을 걷
어붙이고 도와줄 것이다.

40.
할 수 없다고
말하지 마라

다른 사람보다 규모가 크거나 좋은 직업을 갖고 돈을 많이 버는 사람은 새로운 의뢰가 들어왔을 때 기본적으로 그 일을 '거절하지 않는다.'

굉장히 좋은 일이나 큰돈을 버는 일, 완수하면 각광을 받는 일들은 어떤 분야라 하더라도 대개 가장 바쁜 인기 직장인에게 돌아간다.

보통의 사람들은 바쁠 때 새로운 의뢰가 들어온다거나 중요한 일에 연관되어 있는데 다른 큰 작업이 주어지면 그것을 거절하는 쪽으로 생각한다.

하지만 다른 사람들보다 출중하게 성공을 했다거나 높은 보수를 받는 사람들은 늘 '할 수 없다.' 라고 말하지 않고 '하겠습니다.'라고 말한다.

바로 그 점이 성공하지 않은 사람과 다른 점이다. 그리고 그다음에 이어지는 행동도 다르다.

실은 그렇게 의뢰를 받아들여도 대개 그러한 사람들은 바쁘기 때문에 '시간을 융통적으로 사용한다.'

일단 '하겠다.'고 말해 놓고 그다음부터는 움직이기 쉬운 방법이나 하기 쉬운 시간의 흐름, 가장 도움이 되는 방법을 상대방과 융통적으로 협의하는 것이다.

많은 사람은 그렇게 융통적으로 일하는 것을 나쁘게 생각한다. 그럴 거면 처음부터 거절했어야 한다고 말이다. 하지만 상대방의 입장에서 보면 '당신이 이 일을 해주길 원해서 찾아온 것'이기 때문에 Yes란 대답을 받고 돌아가는 편이 훨씬 기쁘다.

그러므로 '할 수 있다.'고 말하고 받아들인 다음에는 이쪽에서도 '이렇게 하는 식으로 꼭 하겠습니다.'라고 확실성을 제시한다. 그렇게 안심하고 융통적으로 조절한 다음 그 일을 완수한다.

그러면 새로운 행복이 다시 찾아올 것이다.

41.
수비를
확실히 하라

　성공하고자 하는 사람 곁에는 협력하는 사람도 있지만 발목을 붙잡는 사람이 접근하는 경우도 있다.

　그럴 때 나쁜 영향에 신경 쓰지 않고 자신이 생각한 길을 확실하게 가기 위해서는 수비를 확실히 해야 한다.

　그 일에 적합한 전문가나 법률가 등 당신의 소중한 것을 지켜줄 만한 파트너를 늘 곁에 둔다. 이것도 성공하는 사람들의 중요한 일 중 한 가지이다.

　언젠가 한 변호사와 이야기를 한 적이 있다. 그는 어떠한 사건이라도 거의 대부분 승리하고 권리나 명예, 일의 질을 지키는데 뛰어난 변호사였다.

그때, 변호사는 이것을 가르쳐 주었다.

'앞으로 더욱 비약적으로 발전하고 큰 성공을 얻고 싶다면 공격력 이상의 수비력을 가져야 한다. 세상에 진출해서 처음으로 스스로 성공을 이뤄낸 사람은 원래부터 파워를 가지고 있다. 점점 앞으로 나아가고 위로 올라갈 수 있는 강한 공격력을 가지고 있다. 하지만 거기서 안심하고 방심하고 있으면 나쁜 일을 꾸미고 치사한 생각을 하는 사람들의 먹이가 되어 버린다. 그런 사람들로부터 자신을 지키기 위해서는 확실한 수비가 필요하다.'

바로 자신을 둘러싼 신뢰할 수 있는 브레인들이 필요하다. 재산을 지켜주는 재무 관리사나 권리관계를 지켜주는 법률가 같은 힘을 발휘할 수 있는 수비를 가져야 한다.

나는 성공의 계단을 올라가는 도중에 본의 아니게 영광의 사다리를 놓쳐버린 연예인이나 더 이상 인정받지 못하는 음악가, 매장당한 정치가 같은 사람들을 많이 봐왔다. 그들은 수비를 하지 못해서 지금까지 있는 힘껏 노력해 온 것들을 잃고 말았다. 그들은 분한 눈물을 흘리며 격노했었다.

그러므로 자신이 이뤄온 일이나 명예, 재산, 모든

것을 안전하게 지키기 위해서는 전문가를 붙여 수비를 확실히 해야 한다.

변호사를 선임하는데 드는 비용이 아까운 것이 아니다. 지금까지 이뤄온 것들이 전부 무너지는 것이 아까운 것이다.

42

위험을
감수하라

앤드류 카네기는 아메리카의 철강 왕이며 세계 제일의 억만장자이다. 역사상 크게 이름을 떨치고 지금은 거대한 부를 쌓은 성공철학을 세상에 침투시킨 실업가이다. 그런 그가 반드시 성공하는 인물을 구분하는 조건으로 "자유로우며 위험을 감수하고 자발적으로 일하는 인간"을 말했다.

이러한 조건을 가지고 있는 인물이라면

만약 지금 무명이라 하더라도,

만약 지금 아무것도 아닌 사람이라 해도,

만약 지금 아무도 성공한 사람이라고는 인정하지 않는 사람이라 하더라도,

만약 지금 무일푼이라 하더라도,

장래 반드시 출중한 성공한 사람이 될 것이라고 말했다.

그리고 그것을 조사하고 실증하여 성공철학으로 체계화한 일대 사업을 성공시킨 것이 카네기의 이론을 받아들인 나폴레옹 힐이다.

그도 역시 먹는 것도 뜻대로 되지 않는 상황 속에서 카네기가 말한 대로 실천하여 거대한 부를 얻은 인물이다.

성공하는 사람들만이 보고 있는 것, 성공한 사람들만이 가지고 있는 특질을 체득할 수 있는 사람이 그들과 마찬가지로 성공하게 된다.

그리고 그중에서 다른 사람들이 피하고 싶어 하는 일을 스스로 나서서 하는 사람은 그것을 위험이 아닌 플러스로 만들 확신이 있기 때문이다. 그러한 확신이 있으므로 결국 끝까지 일을 해낼 수 있는 것이다.

43.
1인지 8인지
내기해 보라

영화 '보디가드'에서 주인공인 가수 레이첼은 영광스러운 상을 수상하게 된다. 큰 기회와도 같은 그 무대에 오르는 날, 그녀의 목숨을 노리는 협박장이 도착한다.

그녀를 지키려는 보디가드와 주변 사람들은 그 일을 매우 걱정하며 어떻게든 그녀가 무대에 오르지 못하게 한다.

하지만 그녀는 그런 위험이 일어난다고 해도 어떻게 해서든지 무대에 올라 노래하겠다는 생각을 굽히지 않았다.

그녀는 자신의 보디가드이며 그녀를 사랑하는 그에

게 이렇게 말했다.

'1인지 8인지 모르는 승부에 나선 적 없어? 그런 위험을 감수하지 않으면 일류는 될 수 없어'

누구나 살아가는 중에 한두 번은 인생의 기로에 서게 된다.

그때 위험스런 일이 앞길을 막아선다면 어떤 길을 선택하고 어떤 답을 내겠는가?

성공하는 사람은 그런 때에도 커다란 내기에 나선다. 거기에는 치사하게 계산하거나 사내답지 못하게 손득을 따지지 않는다. 보다 잘살고 싶고 잘 해나가고 싶은 직관과 함께 앞으로 나아가고 싶다는 생각만이 있다.

사람들을 매료시키는 큰 성공을 이룬 사람은 자신의 세계를 사랑하기 때문에 위험한 상황 속에도 스스로 뛰어 들어가곤 한다.

목숨을 걸고 그 사랑하는 것을 완수하고자 하는 것이다.

그때 그 사람이 취한 행동이 많은 사람들의 가슴을 울리며 모두를 감동시킨다. 멈추지 않는 감동이 이어지며 믿을 수 없을 정도로 행복한 기적이 하늘로부터 주어진다.

44.
배수의
진을 쳐라

많은 사람들이 길에서 망설이거나 무엇에 몰두하지 못하는 이유는 '도망칠 곳이 있다.'는 생각과 '아직 선택할 여지가 있다.'는 생각 때문이다.

만약 문이 닫혀 있는 방 안에 출구가 단 하나밖에 없다면 사람들은 망설임 없이 그쪽으로 나갈 것이다.

이렇듯 가끔은 길이나 출구가 많은 것이 오히려 사람들을 헤매게 하고 미궁에 빠뜨린다.

길이 단 하나밖에 없다면 그곳으로 갈 수밖에 없다.

그 앞에 무엇이 있는지 보이지 않더라도 그곳으로 갈 수밖에 없다는 각오를 가진 사람은 결국 그곳에서 빛을 발견하고 눈부신 영광을 손에 넣는다.

45.
안전권
밖으로 나가라

'여기에 있으면 안심이야.' 라고 하는 장소에서는 큰 실패를 하지 않는다. 그러나 특출한 성공이나 결과도 얻을 수 없다.

우리가 눈을 크게 뜨고 볼만한 성과나 기적 같은 기회와 행운, 보수는 안정권 밖에만 존재한다. 위험을 감수할 각오가 있는 사람만이 그곳으로 나가서 꿈을 이룬다.

안전권 밖으로 나가는 것은 위험하다고 생각하는 사람도 많을 것이다. 하지만 실제로 나가보면 그곳만큼 경쟁자가 없고 홀로 승리할 수 있는 최적의 장소도 없다.

안전권 밖에 있는 것은 위험이 아니다. 매우 안전하며 예외적인 행운의 확실한 약속이 있다!

46.
다른 사람의 칭찬은
필요 없다

다른 사람들에게 인정받기 위해서 일을 할 때보다 스스로를 인정하며 일을 할 때 훨씬 더 큰 파워가 나온다. 그리고 성공한다.

다른 사람들이 아무리 인정해줘도 스스로를 의심하거나 자신이 하는 일에 불안을 느끼는 사람은 그 일을 완수하지 못한다.

반대로 다른 사람들이 인정해 주지 않고 칭찬하지 않더라도 스스로 '나는 할 수 있어!', '이렇게 열심히 하다니, 나는 대단해!'라고 생각하며 일을 하는 사람은 무적이다.

다른 사람의 칭찬이나 인정을 필요로 하지 않는 사

람은 잡념이 없고 바로 그 일에 뛰어들 수 있다.

　이러한 자세 덕분에 우주로부터 인정을 받고 서포
터를 받을 수 있다.

47.
천재의 옷을
입어라

독일 출신의 이론물리학자인 아인슈타인은 노벨물리학상을 수상하고 천재라며 칭찬받았다. 그런 그가 이런 말을 남겼다.

'나는 천재가 아니다. 그저 다른 사람들보다 한 가지 일에 몰두해 온 것뿐이다.'

천재는 하늘이 준 재능을 살리기 위해 자신을 활용할 수 있는 길이나 열중할 수 있는 일에 몰두한다. 그리고 그 길에 시간과 노력을 아낌없이 쏟아 붓는다.

또, 클래식 콩쿠르의 세계대회에서 큰 상을 받은 한 음악가도 세계적인 명성을 얻고 천재라고 불리는 것에 대해 이렇게 대답했다.

'나는 음악이 마음에 와 닿았을 때부터 계속해서 음악을 좋아하고 이 악기가 좋아서 매일 매일 그저 연습만 하며 세월을 보냈다. 좀 더 잘하고 싶고 좀 더 아름다운 소리를 내고 싶었다. 더 많은 이들에게 들려주고 싶어서 아침부터 밤까지 음악과 사귀어 왔다. 음악에 빠져 있는 것이 당연한 일과가 되어 이렇게 된 것뿐이다.'

그리고 한번은 음악 분야에서 성공하고 싶어 하던 한 사람이 그녀를 찾아와 이렇게 물었다.

'저도 선생님처럼 음악의 길에서 성공하고 유명해지고 싶어요! 어떻게 하면 선생님처럼 훌륭한 음악가가 될 수 있습니까? 저에게도 큰 무대에 서서 활약할 수 있는 기회가 있을까요?

그러자 음악가는 이렇게 대답했다.

'당신은 얼마나 연습하고 있습니까? 만약 매일 악기를 만지지 않고 있다면 그것은 논외입니다. 어쨌든 매일 음악을 접하고 열심히 연습하세요. 음악에 빠져드세요. 그렇지 않고서는 하루를 시작할 수 없을 정도로 그 일을 사랑하고 마음으로부터 빠져드세요. 그렇지 않으면 음악을 마음 깊이 사랑하고 매일 음악에 빠져 있는 사람에게는 절대로 이길 수 없습니다.'

그 "이길 수 없다."라는 것은 어떠한 승부를 말하는 것이 아니다. 또 실력이 뒤떨어진다는 것도 아니다. 바로 이러한 어마어마한 대전방식을 가리키며 말한 대사이다.

어떤 분야에서 천재라고 불리는 사람들은 모두 '최선을 다하면 된다.'고 하는 답을 알고 있다. 그리고 실제로 그렇게 하고 있다.

매일을 살아가며 자신이 가질 수 있는 모든 시간을 꿈에 걸고 있다.

48.
혼자서도 승리할 수
있어야 한다

어느 관광지에서 한번은 불황의 영향을 받아 여관을 운영하는 대표들이 한자리에 모이게 되었다. 어떻게 하면 여관이 있는 관광지를 부흥시킬 수 있을까하는 이야기를 했다.

하지만 모여서 이야기를 하면 할수록 '그렇게 하면 우리 쪽에는 좋지 않습니다.', '그건 그쪽에만 메리트가 있고 우리와는 관계가 없는 일입니다.', '그쪽 사정만 이야기하지 말아주세요.', '우리는 거기에 반대합니다.' 라며 각자의 기호대로만 이야기하기 시작했다. 부흥계획은커녕 무엇 하나 맞는 의견이 없어서 결국 아무것도 결정하지 못했다.

그러던 중에 한 사람만이 이렇게 말했다.

'당신들 정말로 할 마음이 있는 겁니까? 듣고 있으니 당신들은 정말 치사하군요. 자신의 이익이나 메리트만 계산하고 이상만 얘기하면서 아무도 어떻게 하면 손님이 기뻐할까를 생각하지 않는군요. 그런 사람들과 의견을 맞추고 싶지 않습니다. 우리는 우리 방식대로 하겠습니다.' 라고 말하며 자리에서 일어났다.

그렇게 해서 그 사람만이 손님이 기뻐할 만한 일, 손님이 편안히 묵을 수 있는 곳, 손님에게 득이 되는 것을 열심히 생각했다. 그리고 그것을 자신의 여관에서만 실행했다.

그러자 이용객들의 입소문을 타고 순식간에 손님들이 그곳으로 쇄도하기 시작했다.

그리고 그 여관이 번영되자 그 여관에 식재료와 특산품 등을 도매하는 상점과 그곳을 거점으로 하는 택시 같은 그곳과 관계된 모든 곳들이 번영되기 시작했다.

진짜 성공을 생각하는 사람은 누가 반대를 하든지, 다른 사람과 의견이 맞지 않더라도 늘 자신이 해야 할 일을 바르게 파악한다. 또 '모두가 하지 않아도 나 혼자서라도 한다!' 고 말하며 용감하게 행동한다.

그러한 사람은 아무리 시대가 불황이라 하더라도 그 안에서 풍족한 성공을 이루는 '혼자서도 승리할 수 있는 사람'이다.

49.
가치 있는 일은
해라

세계적으로 유명한 영화배우인 오드리 햅번은 인생의 마지막 시간들의 대부분을 최대한 자선사업을 하는데 바쳤다.

그리고 그녀는 이런 말을 남겼다.

'유명해져서 정말 다행이다. 이렇게 가치가 있는 일을 할 수 있으니 말이다.'

이 세상에 정말로 필요한 일이고 바른 일이라고 하더라도 이름도 알려지지 않은 평범한 사람이 혼자 행동하면 그 일의 중요함이나 진가를 알아주는 사람은 많지 않다.

성공한 사람들은 주어진 장소에서 만들어지는 새로

운 가치를 알고 있다.

그래서 사랑과 영혼의 활동을 하기 시작한다.

신이 한 사람을 성공시키고 이름을 떨치게 하고 위로 올라가게 한 것은 꼭 해야 하는 중요한 일이 있기 때문이다. 그것을 그 사람에게 시키기 위해서 그 사람을 택한 것이다.

무엇보다도 이 세상에 널리 알려야 할 위대한 일은 신의 의지를 구현하는 모든 사람의 행복을 이루어 주는 일이다.

누군가의 영혼이 깨어지고 성장하여 사랑을 품고 살아가며 구제하는 것을 통해 한 사람 한 사람의 영혼이 가지고 있는 에너지의 질이 좋아진다. 그리고 이 세상은 천국으로 변한다.

50.
행동하는 사람이
되어라

'젊은 베르테르의 슬픔' 등의 작품을 남긴 독일의 시인이자 소설가이며 사상가인 괴테는 '행동이 전부다. 명예에 가치는 없다.'는 말을 남겼다.

성공한 사람이 되고 싶다면 먼저 행동 없이는 아무 것도 일어나지 않는다는 것을 알아야 한다. 만약 많은 사람들이 그것을 진짜 알고 있다면 말만 장황하게 늘어놓는 것이 아니라 다른 사람이 뭐라고 하기 전에 스스로 행동하고 있을 것이다.

행동 없이 성공은 있을 수 없다.

행동을 빠뜨리면 무슨 공부가 되겠는가!

5장

셀프케어를
충실하게
하는 방법

치료하고 감싸고, 감싸 안는 것은

그 다음에 더욱 행운을 가져다준다.

지치지 않도록
관리하라

'심신이 지치지 않도록 한다.'는 것은 성공하고자 하는 사람들뿐만 아니라 누구에게나 중요한 요소이다. 그것은 자기 자신과 운명을 구하는 것이기 때문이다.

사람은 지쳐 있을 때, 상상력이나 행동력, 창조력이 저하된다.

본래의 원기가 있으면 편하게 할 수 있고 어려움 없이 처리할 수 있는 일도 피곤하면 제대로 처리하지 못한다.

때때로 지칠 때까지 일을 하는 것이 좋은 것이라는 생각에 몸과 마음을 혹사시키는 사람이 있다. 그리고 그것을 일을 열심히 한 증거라고 착각하곤 한다.

그러나 실은 지치지 않도록 관리하는 것만으로 그 몇 배의 일을 편하게 처리할 수 있다.

지치지 않는 상태를 만들어내는 가장 좋은 방법은 좋아하는 일을 좋아하는 만큼만 하는 것이다. 좋아하는 일을 할수록 인간은 일을 하는 보람과 사는 보람, 기쁨을 느낀다. 그리고 내면에서부터 파워가 끓어오른다. 다시 말해 피곤하지 않다.

그것이 불가능해졌을 때는 외부로부터 보급을 받아야 한다.

지쳤다고 하는 것은 내면의 기운이 다 말라버렸다는 것이며 또, 외부로부터 좋은 에너지를 보급받지 못하고 있다는 것이다.

피곤을 느낄 때는 가만히 자신을 위로하는 것도 중요하다.

52.
쓸데없는 일은
그만두어라

대부분의 사람들은 꼭 해야 하는 일보다 하지 않으면 안 되는 잡일에 쫓긴다. 그로 인해 자신의 시간과 힘, 형편을 빼앗기고 만다.

그 때문에 정작 하고 싶은 일이나 자신이 하고자 하는 길로 돌아오려고 할 때는 기진맥진해 버린다. 이미 그 힘을 잃어버려서 여유가 없다.

쓸데없는 일로부터 벗어나 자신이 해야 할 일을 하는 시간과 에너지, 형편을 확보한다. 그것만으로도 인생의 질은 순식간에 좋아진다.

이제 그만두지 않겠는가?

'어쩔 수 없이 하는 취미 생활이나 일, 만남.'

'억지로 간 회식.'

'나의 발목을 붙잡을 뿐인 피상적인 친구와의 시간.'

'혹시 뭔가를 얻을 수 있을지도 모른다는 생각에 잘하지도 못하면서 참가하고 있는 다른 업종의 교류회나 파티.'

'신경만 쓰이고 조금도 재미없는 누군가와의 차 마시는 시간.'

'부탁받아서 어쩔 수 없이 인수한 짜증나는 일.'

지금까지 이런 쓸데없는 일을 하며 보낸 시간과 수고를 한번 생각해 보자.

이런 일들을 그만둠으로 당신이 심호흡할 수 있는 시간이 늘어난다. 당신이 기꺼이 다른 일에 관여할 수 있는 시간이 늘어난다. 당신이 예전부터 하고 싶었던 일을 할 수 있는 기회가 많아진다. 당신이 활기차게 일하는 순간을 되돌릴 수 있다!

쓸데없는 일로부터 벗어나 하고 싶은 일을 하며 사는 사람은 늘 빛으로 가득하다. 또한 인생도 잘 흘러간다.

53.
수면을
취하라

잠은 당신의 모든 것을 회복시켜 주는 매우 중요한 것이다.

잠자지 않는 것을 자랑하는 이상한 사람이 있는데 그것은 결코 위대한 일이 아니다. 잘하는 일도 아니고 성공의 비결 또한 아니다.

수면을 취하지 않으면 능력은 터무니없이 저하된다.

예를 들어 살인적인 스케줄 때문에 장시간 잠을 잘 수 없을 때는 선잠이라도 좋으니 자신의 생활 리듬 속에서 수면을 취해야 한다. 그래야만 신체가 원활하게 활동할 수 있다.

잠이 오면 무조건 잠을 자야 한다. 그렇게 하는 편이 또한 회복도 빠르다.

수면이라고 하는 것은 강제성을 가지고 있다. 그래서 뇌가 잠자고 싶을 때는 어떻게든지 당신에게 심한 졸음을 줘서 눈을 감게 만들고 잠들게 한다.

예전 어느 텔레비전 프로그램에서 사람들이 왜 졸음운전을 하는지에 대해서 조사를 했다. 이때 졸음운전으로 사고를 일으킨 사람의 대부분이 "잠을 못 잤다."고 대답했다. 그 상태로 그날 차에 탄 것이다.

수면이라고 하는 것은 강제성을 가지고 있다고 앞서 말했듯이 사람이 핸들을 쥐고 있더라도 뇌는 안전운전보다 우선적으로 수면을 취하게 한다.

54.
힐링을
취하라

쾌적한 상태를 유지하고 일에 집중하기 위해서는 쌓여 있던 피곤을 능숙하게 제거하고 스트레스를 줄여야 한다. 또 위로가 필요할 때에는 필요한 만큼 받아야 한다.

집과 사무실에 관엽식물이나 열대어를 놓거나 바로 갈 수 있는 에스테나 바로 부를 수 있는 마사지 담당자(마사지 전문점이나 혹은 전용 마사지 담당자)가 있는 것도 좋다.

또, 안정 효과가 있는 물건을 두거나 마음이 안정되는 장소에 가는 것도 좋고 위로받을 수 있는 사람과 만나는 것도 좋다.

힐링을 특별한 일이 아니라 일상적인 일과로 받아들이면 힘든 작업 환경 속에서도 일의 진척 속도가 다르다는 것을 실감하게 될 것이다.

55.
명상을
하라

가끔은 외부로부터 오는 모든 정보나 소리, 감감으로부터 떨어져서 내면을 조용히 가라앉히는 시간이 필요하다.

성공한 사람들의 대부분은 혼자만의 시간이 갖는 가치를 안다.

명상은 시끄러운 현실로부터 잠시 자아를 해방시킨다. 심신을 되살리고 영혼의 힘을 회복시키는 최고의 수단이다.

명상을 통해 내면을 바라보다 보면 평상시에는 묻어두었던 중요한 것들이 문득 떠오르곤 한다.

어수선한 상태 속에서는 결코 생각나지 않을 법한

엄청난 것들이 갑자기 생각난다.

다음 단계로 나아가기 위해 자신을 정리하고 답답한 상황 속에서 벗어나게 한다. 번뜩이는 아이디어가 떠오르고 자신을 보다 높일 수 있는 것이 명상의 좋은 점이다.

명상을 일상 속에 도입하고 당신에게 찾아오는 보다 좋은 것들을 적극적으로 받아들인다.

56.
데이트를
하라

남자든 여자든 일에만 매달리는 것은 재미가 없다.

성공한 사람들은 일만이 아니라 연애에 있어서도 파트너와의 관계가 좋다.

'영웅은 여자를 좋아한다.'는 말이 있다. 이것은 '성공한 사람들은 바람둥이!'라는 의미가 아니다.(^^) 열심히 일을 하고 세상에 커다란 업적을 남길 때도 사랑하는 사람과 풍족하고 행복한 시간을 가질 만큼 내면의 힘을 가지고 있다는 것이다.

즉, 여유가 있다는 것이다!

사랑하는 사람과 함께 하는 시간을 갖는 것조차 불

가능하고 낑낑대며 일과 시간에 쫓기며 사는 사람이 있다. 그렇게 여유가 없는 사람에게는 다른 사람을 감동시킬만한 큰 성공을 기대할 수 없다.

사랑하는 사람과의 커뮤니케이션은 온화함과 상냥함, 내면에서부터 넘쳐나는 사랑의 힘을 준다. 그것은 모든 것을 가능하게 한다.

57.
좋아하는 책을
읽어라

좋아하는 책을 읽으며 마음속의 즐거움과 보물을 늘린다.

나는 원고를 쓰는 일을 하면서도 매일 5권의 책을 읽는다. 또 사무실로 출퇴근하는 시간에는 반드시 서점에 간다. 책을 사지 않는 날이 없을 정도로 서점에 가서 좋아하는 책을 찾아본다. 바쁠 때는 목차를 보고 읽고 싶은 항목만 읽어도 좋다.

자신이 구입한 책 전부가 자신에게 특별히 좋은 말이 아니어도 괜찮다. 아무렇지 않게 읽은 페이지에 '아! 그렇구나.', '앗? 그런 거야?', '이거는 미처 몰랐었는데.', '이런 말을 알게 돼서 다행이야.' 라며 그저 한두 개 정도 사소한 것들을 발견해도 좋다. 그 사소한 것들을 계기로 그때부터 크게 변하기 시작하기 때문이다.

나는 운명적인 한 줄의 글을 만나고 싶어서 많은 책을 읽었다.

책은 가까운 사람도 말해주지 않았던 것을 몰래 가르쳐 주기 때문에 그 감동적인 만남이 없으면 참을 수 없다.

58.
고귀한 영혼을
갖고 살아라

'당신의 얼굴을 태양을 향하게 하라. 그러면 그림자를 보지 않고 살리라.'

헬렌 켈러가 남긴 말이다.

헬렌 켈러는 보지 못하고 듣지 못하고 말하지 못하는 삼중고를 안고 살았다. 그러면서도 위대한 존재감과 고귀한 영혼을 가진 미국의 교육자이며 사회복지사업가로 활약한 훌륭한 인물이다.

그녀가 기적의 사람이라고 불리는 것은 그녀의 고귀한 영혼이 만들어낸 업적이다.

고귀한 영혼을 가지고 산 사람은 시대를 초월하여 온 세상에 감동의 영향력을 넓힌다.

고귀한 영혼을 갖고 살아가면 인생이 몰라보게 변한다.

어두운 것이 아닌 밝은 쪽으로,

싫은 것이 아닌 기쁘게 생각하는 쪽으로,

싸우는 것이 아닌 조화하는 쪽으로,

원망하는 것이 아닌 사랑하는 쪽으로 말이다.

고귀한 영혼으로 산다는 것은 본래 인간이라면 누구나 가지고 있는 자신의 내면에서 자신이 존중하는 것을 택하여 살아가는 것이다.

59.
긴장을
늦추지 마라

싫은 일이 생겼다, 슬픈 일이 있었다, 힘든 일이 있었다고 해서 침울해하기 시작하면 끝이 없다.

자신을 케어하고 좋은 쪽으로 회복할 줄 아는 사람은 이미 일어난 일에 언제까지나 고집만 피우고 있지 않는다. 어떻게든 빨리 일어서려고 한다. 비록 울고 있을지라도 그곳에서부터 부활할 것을 생각한다.

울어도 괜찮다. 그러나 희망을 잃어서는 안 된다.

여기서 만회할 수 있는 일은 얼마든지 있다는 것을 알면 다시 한 번 원래의 자리로 돌아올 수 있다. 다시 진정한 자신을 빛낼 수 있다.

60.
좋았던 감정을
간직하라

당신이 행복하다고 느끼거나 불행하다고 느끼는 감각은 당신의 감정과 관련되어 있다. 이것을 잊어서는 안 된다.

대부분의 사람들은 자신을 힘들게 하는 일로부터 다시 일어서지 못할 때 '그 일 때문에 이렇게 불행해진 거야.'라고 생각한다. 그러나 실은 그 일이 일어났기 때문이 아니다. 그것은 '그 일을 어떻게 받아들였는가.'와 관계가 있다.

당신이 그 일을 기분 좋게 받아들이고 기쁘고 두근거려 한다면 당신의 감정 에너지는 보다 좋은 방향으로 up되고 당신을 끌어올려준다.

반대로 당신이 그 일을 불쾌하게 받아들이고 슬프고 힘들다고 느꼈을 때는 침울해지고 슬픔에 빠지게 된다. 당신의 감정 에너지도 하강하며 당신을 끌어내린다.

감정에 흔들리기 시작하면 평상시의 감각을 잃어버리게 된다. 동시에 본래의 재능과 힘마저도 잘 발휘하지 못한다.

성공하는 사람은 이러한 자신의 감정을 좋은 상태를 유지하도록 능숙하게 컨트롤 한다.

이를 테면, '이렇게 우울해 하고만 있으면 안 돼!'라며 자신을 설득하여 빠르고 적극적으로 기분을 전환시킨다.

61.
언제나
위를 바라보라

성공하는 사람들은 새로운 것을 배우기 위해 늘 자신보다 위에 있는 사람들을 바라본다.

그들을 통해 일처리 방법이나 높은 정신력 등을 배운다.

그래서 자신보다 먼저 성공한 사람이나 자신보다 큰 성공을 한 선배, 그 분야의 프로나 자신이 존경하는 사람, 도저히 이길 수 없을 것 같은 감동을 주는 사람들의 의견을 솔직하게 듣는 것을 좋아한다. 그 사람의 어드바이스를 기꺼이 받아들이고 그 방식에 주목한다.

자신이 목표로 하는 사람을 바라보는 것을 좋아한다.

그리고 '나도 이렇게 있을 수는 없어, 힘을 내야지!'라고 생각하며 자신보다 위에 있는 사람을 보며 분발하고 자신도 그 위로 오르기 위해 노력한다.

절대로 현 상태에 만족해서는 안 된다.

반대로 성공하지 못하면 늘 자신보다 밑에 있는 사람들에게 눈을 돌린다.

'저 녀석이 실패해서 다행이야.', '저 녀석은 여기까지 오려면 한참 멀었군.' 이라는 식으로 말이다.

그리고는 자신보다 더 높은 곳에 있는 사람들을 잊은 채 자신이 늘 가장 위에 있다고 착각한다.

그래서 좀처럼 그 이상으로 오르지 못하는 것이다.

62.
미운 오리 새끼는
그만둬라

안데르센의 동화 중에 '미운 오리 새끼'라는 동화가 있다.

미운 오리 새끼의 불행은 누군가의 잘못으로 오리 무리 속에 있게 된 것이 아니다.

그 오리(실제로는 백조)가 "나는 백조다."라는 사실을 몰랐던 것이 불행이다.

그러나 얼마 후 그 오리는 자신이 백조라는 사실을 알게 되고 모든 괴로움에서 벗어난다.

저 새하얗고 아름답고 상냥하고 따뜻한 멋진 엄마처럼 자신도 넓은 하늘을 높이 날 수 있는 백조였다는 것이 감동적이어서 영혼이 떨렸다.

그렇게 풀 죽어 있던 게 도대체 누구였는지 모를 정도로 말이다.

당신도 자기 자신에게 지쳤을 때, 아무쪼록 이것을 생각하길 바란다.

지금 그 모습 그대로 당신은 위대하고 훌륭한 존재라는 것을 말이다.

이것을 인정하는 것이 무엇보다도 자신을 케어하고 영혼을 케어하는 방법이다. 또한 운명을 케어하는 것이다.

6장

커뮤니케이션 능력을 높이는 방법

어떤 관련이 있는지를 알면
멋진 흐름을 탈 수 있다!

63.
인맥을 쌓기 위한 파티에는 가지 마라

크게 성공한 사람들은 자신들처럼 큰 성공을 이룬 사람들과 어울린다.

어떻게 알게 됐는지를 물어보면 대부분이 '연결고리가 있다.'고 대답한다.

'인맥을 쌓기 위해서 다른 업종과의 교류 파티 같은 데는 가지 않습니까?'라고 물어보면 '거기에 가지 않아도 윗사람들끼리 전부 연결되어 있어서 안 가도 된다.'라고 말한다.

예전에 이 이야기를 들었을 때는 그 느낌을 잘 알지 못했다. 그러나 내가 정말로 성공의 계단을 오르게 되자 나는 놀랄 수밖에 없었다. 아주 적합한 때에 알맞은 형태로 내게 필요한 사람들이 적절한 방법으로 점점 나타나는 것이었다.

성공한 사람들은 모두 성공의 수레바퀴 안에 있다. 그 안에서 서로 공감하며 더욱 위로 올라가기 위해 적극적으로 손을 잡고 있다.

그 성공의 수레바퀴는 그저 똑같은 곳을 빙빙 돌고 있는 일정한 수레바퀴가 아니다. 나선 모양으로 되어 있어서 계속해서 높이 오르고 있는 성공의 수레바퀴이다.

64.
중요인물을
붙잡아라

만약 당신이 진짜 힘 있는 사람과 만나고 싶다면 인맥 파티에는 갈 필요가 없다.

대부분의 사람들은 성공하기 위해서 일부러 만남을 찾아다닌다. '그런 데라도 안 가면 아무도 못 만난다.' 라고 말하며 부랴부랴 파티 같은 곳에 쫓아다닌다. 그리고는 이 사람 저 사람 할 것 없이 수백 장의 명함을 뿌리는 날들을 보낸다.

그러나 '일단 누구라도 만나야 해!'라며 지나치게 거기에만 매달리다가는 결국 남는 것은 누군지 얼굴도 모르는 명함뿐이다.

그래도 인맥 파티에 간다면, 그때는 얼마나 많은 사

람을 만나는가가 아니라 어떤 사람을 만날 것인지에 주의해야 한다.

지금은 세계 각국의 VIP나 유명인들과도 교류하고 있는 어느 여성 기업가가 나에게 이런 것을 가르쳐 주었다.

'만약 당신이 인맥을 활용해서 확실하게 성공하고 싶다면, 어떤 종류의 파티라 하더라도 일단 그 파티의 주최자와 꼭 인사를 나눠라. 명함을 교환하고 얼굴도 익혀두어라. 왜냐하면, 그 주최자야말로 그 파티에 온 모든 사람들을 불러모으는 힘을 가지고 있는 주요 인물이기 때문이다. 그 주요 인물을 제쳐두고 다른 사람들과 아무리 명함을 교환해 봤자 아무것도 얻을 수 없다'

65.
운이 좋은 사람과
가까이 지내라

잘 나가는 인생, 성공한 인생, 행운 같은 인생을 살고 싶다면 운이 좋은 사람과 가까이 지내는 것이 좋다.

운이 좋으면 당신이 하는 일은 능률이 효과적으로 높아진다. 운이 나쁘면 당신이 하는 일은 아무런 공적도 없이 나쁜 결과가 나올 수도 있다.

그 운을 좌우하는 요소 중 한 가지가 바로 다른 사람들과의 관계이다.

운이 좋은 사람은 밝고 긍정적이며 파워풀하다. 어떤 일을 하더라도 그 흐름이 순조롭다.

운이 없는 사람은 어둡고 부정적이며 기분도 처져 있다. 어떤 일을 하더라도 일의 흐름이 서투르고 망가지기 십상이다.

본인의 운이 좋아도 함께 일하는 사람의 운이 없으면 본인의 일 전부가 악화되거나 망가지는 영향도 받게 된다. 그러므로 누구와 가까이 지내는가는 매우 중요한 사항이다.

그러나 너무 걱정할 필요는 없다. 당신의 운이 좋아지면 운 없는 사람은 절대로 접근하지 않기 때문이다. 운이 좋은 사람들만이 당신의 주변에 모여들게 될 것이다.

66.
'고맙다' 는
말을 하라

평소에 언제든지 '고맙다.' 는 말을 하는 습관을 가지고 있으면 다양한 풍족함을 얻는 마법 같은 힘을 경험하게 된다.

직장에서만이 아니라 슈퍼에 가거나 택시를 탔을 때도 내가 먼저 '고맙습니다.' 라고 말하는 것이 훨씬 더 기분 좋은 일이다.

이런 이야기를 하면 순수하게 이것을 실천하려는 사람도 있지만 그렇지 않고 오히려 이런 말을 하는 사람들이 있다.

'내가 "고맙다."고 말해도 모르는 척하는 사람도 있다. 뭘 해줘도 "고맙다."는 말을 안 하는 사람도 있는

데 일일이 내가 고마워, 고마워하고 말하면서 좋은 사람인 척하지 않아도 되지 않는가?'

그러나 '고맙다.'는 말은 상대방이 무얼 해주길 바라고 답례를 받고 싶어서 하는 말이 아니다. 자신이 먼저 그 말을 함으로써 감사의 마음을 갖게 되는 일상이 기분 좋은 것이기 때문에 그렇게 하는 것이다. 다른 사람을 위해서 강제로 할 필요는 없다.

'고맙다.'고 말하면 자신의 마음이 풍족해진다.

'고맙다.'고 말하는 것은 기분 좋은 일이다. 더불어 기분 좋은 기적도 일어나게 하는 신비한 마법을 가진 말이다.

67.
불평불만이 많은 사람을
조심하라

　다른 사람을 붙잡고는 투덜투덜 불평불만을 털어놓는 사람이 있다. 그러한 사람과는 상대하지 않도록 한다.

　당신이 무언가 의미 있는 일을 밀고 나가려 한다면, 또는 스스로 가치 있는 것을 만들어내고자 한다면 불평불만이 많은 사람과 어울려서는 안 된다.

　그 사람들과 어울리는 것은 당신 또한 그 말에 공감하고 동조하는 것과 똑같은 것이기 때문이다.

　불평불만을 주고받으며 기분 전환을 할 때의 쾌감을 아는 사람은 누구에게 이 일을 말하면 좋을지를 안다. 누구와 말했을 때 이 일이 재미있고 우스운 이야기로 부풀어지는지, 누가 같이 푸념을 늘어놓을 수 있을지를 알고 있다.

이런 사람에게 선택되어서는 안 된다.

불평불만을 말하기 시작하면 이 세상에 말하고 싶은 것들이 한두 가지가 아니다. 그러나 중요한 것은 그 안에 빠져 있느냐 그렇지 않느냐 하는 것이다.

또한 불평불만의 감정 에너지는 그 감정을 증장시키며 또 다른 불평불만을 야기한다.

그러므로 도중에 이야기를 끊을 줄 아는 지혜가 필요하다.

68.
자신의 생각대로
조작하지 마라

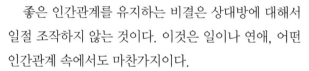

　좋은 인간관계를 유지하는 비결은 상대방에 대해서 일절 조작하지 않는 것이다. 이것은 일이나 연애, 어떤 인간관계 속에서도 마찬가지이다.

　'상대방이 이렇게 되었으면 좋겠다, 이 점을 고쳤으면 좋겠다, 이렇게 해야 한다.'고 하는 생각을 당신이 강하게 가지면 가질수록 상대방은 무의식중에 그것을 간파한다. 그리고 당신이 싫어하는 그 일을 더 많이 하게 된다.

　왜냐하면 상대방은 당신의 마음을 느끼고 그것에 저항하기 때문이다.

　하지만 당신이 그 일을 의식하지 않고 있는 그대로

의 그 사람을 받아들인다면 상대방은 당신이 강요하지 않는 것을 느끼고 기분이 좋아진다. 그래서 당신이 원하는 대로 스스로 좋게 변하려고 한다.

69.
유대관계를
쌓아라

언젠가 한 사람이 하느님께 물었다.

'하느님, 사랑하는 사람이나 소중한 사람과 어떻게 하면 좋은 관계를 맺고 유대관계를 쌓을 수 있나요?'

그러자 하느님은 이렇게 대답했다.

'상대방의 태도나 말이 어떠하든지 네가 상대방을 소중히 여긴다면 네가 먼저 상대방을 배려하여라. 그에게 아무런 변화가 없고 마음을 열지 않아도 그 배려하는 마음을 계속해서 보여주어라. 그러면 상대방의 마음이 조금씩 열리는 순간이 찾아올 것이다. 그때, 네가 보여준 따뜻한 마음씨를 상대방이 받아들인다면 그때부터 인연이 시작될 것이다.'

당신이 친해지고 싶은 사람은 누구인가?
그 사람에게 먼저 따뜻한 마음을 보여주어라.

70.
자신과 관련된 사람들에게
감사하라

사람은 결코 혼자서는 성공할 수 없다.

어떤 일을 하려고 해도 그것을 활용할 장소나 장면을 주는 사람, 더 큰 기회를 주는 사람, 그 일의 규모를 더욱 넓혀주는 사람, 그것을 구해서 손에 쥐어주는 사람이 있기 때문에 성공할 수 있는 것이다.

그 사람 덕분에 이루어진 일들과 그 사람이 있어 줌으로써 연결된 일들에 대해 매회 감사하는 마음을 가지고 그것을 소중히 간직해야 한다.

만남이 새로워지거나 오래될수록 그 도움을 당연한 것으로 여기기 쉽다. 그러나 그렇게 오랫동안 곁에 있어준 사람들에게야말로 '고마워, 네가 있어준 덕분이야.' 라고 감사의 말을 건네야 한다.

분명 상대방은 그 말의 소중함을 제대로 느끼고 더욱 깊이 당신을 받아들여줄 것이다.

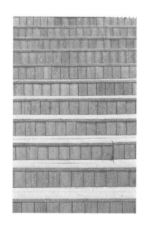

7장

부자 감각을 기르는 방법

아무것도 없어도
부자로 대접받을 만큼 돈은 점점 모여든다!

71.
돈이 없어도
하라

성공하고 싶다고 말하면서도 좀처럼 그 일에 착수하지 않는 사람은 '충분한 돈이 없어서' 그 일이 불가능하다고 말한다.

그러나 사실은 움직일 마음이 없는 사람은 충분한 돈이 있어도 불가능한 이유를 먼저 찾는다.

그 일에 착수하지 못하는 것은 돈이 부족해서가 아니다. '이 일에 모든 걸 걸어보자!' 라고 하는 의지가 부족해서이다.

우선 시작하면 돈은 따라오게 되어 있다.

72.
돈을
불러들여라

　대부분의 사람들은 돈이 없을 때 '어떻게 돈을 마련하지.' 하고 걱정하며 불안해한다. 하지만 어디서든지 돈을 손에 넣을 수 있는 사람은 아무리 궁핍할 때에도 돈을 마련할 생각을 하지 않는다. 그런 사람은 걱정이 아니라 '어디서 돈이 들어올까?' 하며 돈을 수중에 넣을 생각을 한다. 즉, 돈이 없을 때 걱정하는 사람은 언뜻 보면 해결하기 위해 궁리하는 것처럼 보이지만 실은 해결은커녕 더 큰 결핍감만 느끼게 된다. 한편, 걱정하지 않는 사람은 재빨리 돈을 굴려서 자신의 수중에 넣는다.

73.
자신에게
투자하라

자신에게 투자하는 사람은 반드시 스스로 보물을
만들어내어 그것을 부로 바꿔간다.

아무것도 보이지 않는 상태에서도 자신에게 투자하
는 것 자체에 가치를 느낀다.

반대로 자기 자신에게 돈을 투자하지 않는 사람은
자신에게 그만큼의 가치가 없다고 여긴다.

미국의 한 베스트셀러 작가는 신참 작가였을 때, 먹
는 것도 뜻대로 되지 않을 만큼 가난했었다. 그는 돈을
더 벌기 위해서 좋은 직업을 찾으려고 몸부림을 치고
있었다.

그가 가지고 있던 타자기는 이미 오래된 것이었다.

사용하기에 불편하여 작업이 되지 않을 정도였다.

그러던 어느 날, 그는 새로운 타자기 광고를 보게 되었다.

그것은 수중에 있던 돈으로는 결코 살 수 없는 고가의 물건이었다.

그는 처음에 '저런 최신형 타자기가 있으면 쓰고 싶은 소설을 실컷 쓸 수 있을 텐데. 하지만 이런 고가의 타자기는 내가 가져봤자 내 신분에는 어울리지 않아.' 라고 생각하고 포기하려 했다.

그런데 길을 걷고 있을 때나 저녁에 침대에 누워 있을 때에도 광고에서 본 그 타자기를 잊을 수 없었다. 머릿속에서는 이미 그 타자기로 신나게 글을 쓰는 자신의 모습이 보였다.

'이렇게 가난한 나에게 그 타자기는 정말 필요한 것일까? 사치겠지?' 라며 현재 자신의 적은 수입과 비교해 보았다.

그런데 어느 순간, '역시 그 타자기가 갖고 싶다.'는 생각이 강하게 들었다.

그는 돈을 모으기 시작했다. 모자라는 금액은 친구에게 빌려서 겨우 그 돈을 손에 넣게 되었다. 그리고 타자기를 사용하기 시작하자마자 '나는 이것을 갖기

172

에 충분한 사람이다.'는 것을 느끼며 즐겁게 글을 써 내려갔다.

그러자 바로 책을 써달라는 의뢰가 들어왔다.

그 타자기로 완성한 최초의 책은 금세 베스트셀러 가 되었다. 타자기에 투자한 돈을 훨씬 웃도는 거대한 부를 얻게 되었다.

그가 '그 타자기를 가질 만한 자격이 있는 사람'이 라고 생각한 순간, 그 가치에 걸맞은 사람이 되었다.

자신이 투자한 것은 반드시 자신에게 돌아온다. 이 것이 부의 법칙이다.

74.
우아한 생활을
상상하라

성공해서 부자가 되고 싶다면 그 꿈을 이룬 다음에 어떤 생활을 하고 있을지를 상상해 본다.

어떤 모습이며 어떤 태도로 어떤 말을 사용하며 어떤 옷을 입고 어떤 집에서 살지 어떻게 생활할 것인지를 그려본다.

그리고 그 상상에 풍부한 감정을 이입시킨다. 그것이 가능하면 그 꿈은 금방 이루어진다.

사람은 기쁜 일이 눈에 보이면 무의식중에 그것을 손에 넣기 위해 행동하기 때문이다.

75.
성공한 사람들과
어울려라

성공해서 부자가 된 사람들은 인생이 잘 풀리고 부자가 되거나 성공한 사람들 같이 현실에서 승자가 된 사람들 곁에 있고 싶어 한다.

왜냐하면 그것은 매우 기분 좋고 가슴을 설레게 하며 나도 그렇게 성공할 수 있을 것 같은 느낌을 주기 때문이다. 실제로도 그 마음에 감화되어 성공하는 것을 실감할 수 있다.

하지만 성공이나 돈과는 연이 없는 사람은 인생에 승리한 사람들 곁에 있는 것을 불편하게 느낀다. 그래서 멀어지려고 한다.

왜냐하면, 그들의 마음속에 부정적이고 어두운 생

각이 승리한 사람들의 빛을 정면으로 보지 못하게 하기 때문이다.

자존심에 상처를 받지 않도록 성공한 사람들과 부자, 승리한 사람들을 비판하고 나쁘게 말한다. 그것으로 어떻게든 자신을 보호한다.

그러나 승리한 사람도 그렇지 않은 사람도 모두 똑같은 인간이다. '원하면 나도 저렇게 될 수 있다.'고 하는 마음먹기에 달렸다. 이것을 아는 사람은 그 시점부터 자신도 성공과 돈, 승리를 손에 넣을 수 있다.

아직 성공하지 못한 자신을 그들보다 뒤떨어진다고 간주하거나 더 이상 있을 가치가 없다고 여길 필요는 없다.

당신도 더욱 쉽고 확실하게 승리를 실현할 수 있는 방법을 알게 되는 날이 올 것이다!

76.
좋은 소비를
하라

좋은 소비를 하는 사람은 분명 현명하게 돈을 모을 줄도 안다.

좋은 소비란 어떤 것일까?

그것을 알기 위해서 먼저 당신이 물건을 사거나 지갑에서 돈을 꺼낼 때의 감정이나 내면의 감각을 살펴본다.

그때, 싫은 기분이나 떳떳하지 못한 기분이 드는지, 만족하고 있는지, 기뻐하고 있는지를 체크한다.

만약 당신이 어떤 일로 돈을 쓰거나 돈을 지갑에서 꺼낼 때마다 왠지 불쾌한 감정이 든다면 그것은 좋은 소비라고 할 수 없다.

거기에는 돈에 대한 부정적인 감각이 들어가 있다.

반대로 돈을 쓸 때, 기쁘고 손에 넣은 기쁨과 만족 감에 빠져 돈에 대해 일절 신경 쓰지 않을 때는 좋은 소비를 한 것이다. 기쁘게 사용된 돈은 다시 당신에게 돌아온다. 다시 한 번 기쁘게 사용되기 위해서 말이다.

77.
1억 원짜리 가방을
가져라

언젠가 3명의 자녀를 둔 남성이 회사에서 해고된 적이 있다. 그는 그때까지 가족들을 부양하기 위해서 빠듯하게 생활했기 때문에 충분한 저금도 없어 어찌할 바를 모르고 있었다.

몇 번씩 회사 면접을 봐도 좀처럼 채용되지 않았다. 일을 얻지 못하자 밤에는 잠도 오지 않았다. 그런 날들이 계속되었다.

그 남자는 자고 있을 때도 깨어 있어도 '돈이 필요해! 돈! 돈!' 이라며 가위에 눌린 듯 말했다.

그러던 어느 날, 구인광고를 보려고 손에 든 신문을 보자 '이 종이가 지폐였다면 얼마나 좋을까.' 라는 생각이 들었다. 같은 종이인데도 전혀 가치가 다른 것에 화가 났다.

그 남자는 별 생각 없이 가위로 신문지를 1만 원짜리 크기로 삭둑삭둑 잘라보았다.

그것을 10장 정도 만들어서 지갑에 넣었을 때는 눈물이 났다.

'진짜 돈이 갖고 싶어!'

남자는 집 안에 있는 신문지란 신문지는 다 모아서 그것을 전부 잘랐다. 100만 원 다발처럼 끈도 묶었다.

그리고 며칠 뒤에는 마침내 신문지로 1억 원어치의 지폐다발을 만들었다.

남자는 그것을 여행 가방에 넣고 잠시 바라보았다.

'이것은 1억 원이 들어 있는 가방이다.' 라고 마음속으로 중얼거렸다.

그러자 그것이 진짜 1억 원인 것 같은 기적 같은 기분이 들었다. 돈에 대한 걱정이 말끔히 사라지고 왠지 안심이 되었다.

다음 날, 그는 아무도 채용해 주지 않으니 자기가 회사를 세워야겠다고 생각했다. 그리고 인생에서 성공하기 위한 교재를 생각해 내었다.

그것을 팔기 위해 열심히 활동한 결과, 그의 인생은

크게 바뀌게 되었다.

그해, 그가 번 돈은 무려 4억 원이었다.

그는 기쁨과 함께 진짜처럼 보였던 신문지 1억 원에서 시작해서 진짜 돈을 손에 넣게 되어 안도했다. 완전히 부자가 된 기분이었다.

그는 풍부한 감정의 반향으로 실제로 거금을 손에 넣을 수 있었던 것이다.

78.
다른 사람의 풍족함도
축복하라

예전에 이런 사람이 있었다.

'저는 체육관을 경영하고 있습니다. 그런데 우리 체육관 바로 옆에 큰 체육관이 또 하나 생겼습니다. 거기는 자기네 체육관의 기술이나 설비가 가장 좋다는 식으로 선전을 했습니다. 그런데 실제로도 엄청난 설비를 마련해 두었고 화려하게 만든 전단지를 뿌려서 많은 손님들을 모으고 있습니다. 제가 경영하는 작은 체육관으로서는 영업방해와 마찬가지니 화가 날 뿐입니다.' 하고 말했다.

'우리 체육관은 그곳보다 설비도 되어 있지 않고 넓지도 않지만 "양심적"으로 하는 것을 모토로 하고 있

습니다. 요금도 저렴합니다. 그런데 저렇게 큰 자금력을 가지고 대대적으로 선전하는 것은 참을 수 없습니다. 그 사람과 어떻게 싸우면 될까요?' 라며 물었다.

이것은 이상한 질문이다. 싸울 필요가 없기 때문이다.

다른 사람이 어떤 장사를 하든, 어디서 어떤 방법으로 하든지 그 사람은 그 사람이다.

자신은 자신이 할 수 있는 일을 열심히 하면 된다.

할 수 있는 일을 열심히 하지 않기 때문에 다른 사람이 하는 일에 신경이 쓰이고 '저 사람만 득을 보다니 안 된다.', '저 가게만 잘되다니 용서할 수 없어.' 라는 생각을 하는 것이다.

그 큰 체육관을 만든 사람은 설비를 갖추기 위해서 투자했다. 설비가 하나밖에 없는 지점과 비교하면 설비를 10개 갖춘 지점은 그보다 10배를 더 투자하고 있는 것이다.

이러한 투자 방법과 고객을 모으는 방법이 나름대로 잘되고 또한 수요도 있기 때문에 그 결과로 사람들이 몰려든다.

그 큰 체육관의 경영인은 그 체육관 나름대로 필요한 노력을 하고 있을 뿐이다.

특별히 다른 사람을 밀어내려고 경영을 하는 사람은 없다. '자기네 가게보다 돈을 잘 버는 사람이 나타나면 내가 불쌍해.' 라고 생각하는 것은 이상한 사고방식이다.

사람이 무엇을 하든지 있는 힘껏 자신의 힘을 쏟아 부으면, 그도 자신 나름대로 풍족해질 수 있다.

'저 사람이 돈을 잘 벌어서 화가 난다.' 고 하는 속좁은 생각이나 하고 있으니까 언제나 그 모양 그 꼴인 것이다.

다른 사람이 돈을 번다고 해도 당신의 손익과는 관계가 없다.

모두가 돈을 잘 버는 것은 좋은 일이다. 모두가 풍족해지면 좋다.

그런데 그것을 '오직 나만!' 이라고 생각하니까 이상한 생각이나 하게 되는 것이다.

장사를 성공시키거나 돈이 점점 굴러들어오길 바란다면 다른 사람과 비교하며 화를 내는 것이 아니라 자신의 힘을 쏟아 부어서 미소 짓기를 바란다.

79.
사람에게 호감을 사면
돈에게도 호감을 사라

'돈은 인연이 가져다준다.' 라고 하는 말이 있듯이 사람이 없으면 돈도 없다.

그러므로 큰돈을 얻고 싶다면 큰 사람에게 호감을 사야 한다.

또 많은 사람들에게 호감을 살 필요가 있다.

예를 들면, 번영하고 있는 회사는 많은 거래처와 사람들에게 호감을 얻은 곳이다.

우선 호감을 얻지 못하면 절대 그 회사나 담당자와 거래할 수 없다.

호감을 얻지 못하면 개인이라도 그 사람과 일을 할 수 없다.

일은 누구에게나 이익을 가져다줘야 하기 때문에 호감이 없으면 사람들은 거기에 인연도, 돈도 굴릴 수 없다고 생각한다. 이것이 사람들의 잠재의식의 법칙이다.

그러므로 사람에게 호감을 살 만한 기회가 늘어나면 풍족한 결과는 저절로 늘어나기 시작한다.

80.
돈이 없다는 핑계를
대지 마라

예를 들면, 수중에 돈이 없을 때 약속이 생기거나 외출을 해야 하는 등의 교제가 필요할 때가 있다.

그때, '돈이 없어서 못 나가.'라며 '돈이 없다'는 핑계로 거절하지 않도록 한다.

돈이 없다고 하는 말로 약속을 거절하면 상대방은 당신이 비참해하고 있다고 느껴 더 이상 불러내지 않게 된다. 당신에 대한 부정적인 인상은 돈과 인연이 있는 성공한 사람들과의 관계를 소원하게 만든다. 그것뿐일까, 돈이 없어서 어떻게 할 수 없는 다른 현상들마저 불러일으킨다.

어쩔 수 없이 거절할 때는 '공교롭게도 그날은 선약

이 있어요. 다음에 꼭 만나요.' 라는 말로 밝고 명쾌하게 넘어간다.

돈이 없다는 이유로 약속을 거절한 사람은 마음속 어딘가에 '그것을 이루지 못한 것은 돈 때문이다!' 라고 하는 돈에 대한 원망이 생긴다. 그것은 결코 금전운에 좋지 않다.

8장

행운의 힘을 붙잡는 방법

어떠한 일이라도
긍정적으로 생각하는 습관이
행복지수를 UP시킨다!

81.
좋은 집에
살아라

고급 주택지의 부동산을 처리하는 어느 부동산회사의 사장에게 들은 이야기이다.

재산의 규모를 측정하기도 어려운 정도의 부자들은 집의 운기를 매우 신경 쓰면서 집을 찾고 선택한다고 한다.

풍수로 토지나 집의 운기를 보거나 이사할 날의 길흉을 보고 액을 막는 제사를 지내거나 부적을 달아놓는 것을 철저하게 한다.

좋은 집을 찾는 것과 좋은 집에 사는 것에 매우 신경 쓴다.

그러한 사람들이 발견한 집은 정말로 쉽게 보기 힘

든 좋은 집이거나 모두가 동경하고 '이거 정말 대단하네요!' 라고 할 만한 집이다. 혹은 경쟁비율이 높은 집이다. 이러한 눈에 보이지 않은 힘의 가호를 믿고 집을 찾는 사람은 결국 좋은 집을 구하고, 그곳에서 살게 된다.

좋은 집은 그 안에 살 사람을 선택하고 집을 소중히 여기는 사람을 살게 한다. 그 집의 파워로 인해 성공한다.

82.
행운의 물건을
지녀라

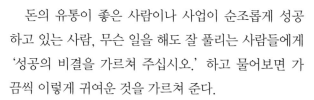

　돈의 유통이 좋은 사람이나 사업이 순조롭게 성공하고 있는 사람, 무슨 일을 해도 잘 풀리는 사람들에게 '성공의 비결을 가르쳐 주십시오.' 하고 물어보면 가끔씩 이렇게 귀여운 것을 가르쳐 준다.

　'실은 이 행운의 지갑을 갖고부터 돈이 들어온다.'

　'이 요술방망이 키홀더를 받고나서부터 돈이 붙는다.'

　'굵은 소금을 사무실에 두었더니 운이 좋아진 거 같아!'

　하는 것이다. 터무니없을 정도로 큰 부자이면서 귀여운 행운의 물건을 반드시 한두 개 가지고 다니는 것

이다. 그리고 그 일을 어린애처럼 기쁜 듯이 이야기 하
곤 한다.

50대, 60대의 대기업 사장들이 말이다.

물론 스스로 엄청난 노력을 한 것은 당연하다. 그래
도 '잠시 이것의 힘을 빌리자!' 라며 마음을 들뜨게 하
는 행운의 물건을 가지고 다니며 그 효력을 믿는다. 그
리고 실제로도 그 덕분이라고 받아들인다.

이런 모습을 보고 있으면 결국 성공하는 사람이란
사소한 일에도 마음의 힘을 크게 얻을 줄 아는 사람이
란 생각이 든다.

행운의 물건을 가짐으로 위로가 되는 계기가 생겨
나는 것만큼 즐거운 성공 서포터는 없을 것이다.

83.
화장실에서부터
운이 트인다

부잣집 화장실은 꼭 화장실 청소가 빈틈없이 잘되어 있고 반짝반짝하게 닦여 있다. 그리고 반드시 화장실 뚜껑이 닫혀져 있다.

화장실에는 금전운을 담당하는 신이 좌정하고 있으면서 그 집의 금전운이나 경제상황을 다스린다고 한다. 또 그 집에 올 때는 산타클로스처럼 커다란 보따리 속에 금은보화를 가득 싣고 온다고 한다.

그러므로 화장실에 들어갔을 때, '늘 용무를 봐주셔서 감사합니다. 늘 지켜주셔서 감사합니다.' 라는 마음으로 깨끗하게 청소를 하고 감사를 드리면 금전운이 좋아지고 좋은 일들이 잔뜩 생긴다고 한다.

84

부적을
붙여라

성공한 사람, 행복하고 부자가 된 사람, 늘 운이 좋은 사람들은 일이 잘 진행되도록 부적을 붙이는 것을 좋아하고 적극적으로 한다.

'이런 걸 한다고 해서 좋은 일이 생기면 누구나 다 하지.' 라고 말하는 사람도 있지만 그러한 사람일수록 이러한 노력도 하지 않는다.

'이런 거' 라고 말하며 우습게 여기지 않는 마음 자세를 계기로 큰 성과를 얻을 수 있다.

85.
썰물과 밀물을
바라보라

　일을 잘 추진하는 사람이나 효과적으로 하는 사람, 공을 세우는 사람들은 그 상황이 썰물 때인지 밀물 때인지를 잘 안다. 그리고 그 일의 자연스런 흐름에 어떻게 타면 되는지를 터득하고 있다.

　예를 들어 사람이나 일, 돈이 당신을 향해 끊임없이 몰려오고 있을 때는 운이 넘치는 상태이다. 그때 운세는 밀물처럼 당신에게 풍족함을 가져다준다.

　이러한 때는 관련된 모든 것들이 좋은 흐름을 타고 이동하며 높은 보수와 풍족함으로 이어진다. 따라서 적극적으로 행동할수록 더욱 좋은 상태가 만들어진다.

　반대로 당신에게서 사람들이 멀어지거나 떠나가고

무언가를 빼앗기거나 취소되는 일이 계속해서 일어나는 때는, 바로 썰물의 상태이다. 일단 모든 일이 조용해져버린다.

이러한 때에는 아무리 일을 밀어붙이려 하고 발버둥쳐도 좀처럼 일이 추진되지 않고 움직이지 않는다. 일의 형태가 잡히지 않는다.

이 시기에는 다음 밀물을 맞이하기 위한 준비를 한다. 준비를 잘하면 다음에 오는 것들을 얻을 수 있다.

썰물은 나쁜 일들이 일어나는 상태가 아니다.

그것은 뭔지 모를 사이클이 하나 완결되어 다시 새로운 사이클을 만들고 운기를 기르기 위한 행운의 징조이다.

발버둥치지 말고 있는 그대로 그것을 받아들인다. 그러면 호전과 비약이 빠르게 몰려오고 다음 밀물을 실컷 탈 수 있게 된다.

이 자연의 사이클을 무시하면 잘 풀릴 일도 안 되게 된다.

성공한 사람은 잘 풀릴 일은 잘 건져 올리고, 허사가 될 것 같은 일은 그것대로 의미 있는 자연스런 일로 받아들인다. 그리고 그 다음 일에 매진한다.

198

86.
사태가 멈춰도
당황하지 마라

일이 정체되거나 취소되는 것은 당신을 위해서 신이 주신 시간 조정, 리허설의 시간이다.

아무 일도 하지 않으면 멈춰지는 일도 없을 것이다.

의미가 있어서 멈춰진 일을 억지로 이렇게 저렇게 하려고 하는 것은 오히려 좋지 않다.

눈에 보이지 않는 힘이 일부러 당신의 발을 붙잡고 방해하는 일은 결코 없다.

정체될 때는 '나를 위해 좋은 흐름을 만들려고 신이 무언가 순서를 바꿔주고 있는 거구나. 와~ 이렇게 고마울 수가!' 라며 감사하고 신뢰하며 사태가 호전되는 것을 기다려야 한다.

그러면 머지않아 무리해서 진행했던 때보다도 더욱 좋은 전개로 길이 열린다. 기쁘고 특별한 사건이 준비되어 있는 것에 놀라게 될 것이다.

87.
이 일이 안 되면
'자, 다음에' 라는 마음을 가져라

어떤 일이 틀어진 것을 분해하거나 안타까워할 필요가 없다.

일이 틀어졌을 때 당신은 '좋지 않은 징조야.' 라고 생각할지도 모르겠다. 하지만 그렇지 않다. 그 일이 틀어진 것은 당신이나 당신이 처한 상황에 있어 그 일을 하는 것이 좋지 않았기 때문이다. 그대로 당신이 척척 진행해도 괜찮은 일이었다면 신은 당신에게 그 일을 쏙쏙 주었을 것이다.

'이 일이 안 되면 자, 다음!' 이라며 말끔히 정리하고 빨리 단념하면 좋은 운이 다시 돌아온다!

88.
좋지 않은 일에서는
바로 '벗어나라'

성공한 사람은 '이것은 좋지 않군.', '여기에 있으면 오히려 손해야.' 라고 느낀 곳에서 바로 빠져나온다.

자신과 관련된 사람들, 그룹, 상황 등 좋지 않은 징조를 느끼고서도 그대로 어물쩍 머물러 있는 것은 스스로 불운 속으로 들어가는 것과 마찬가지다.

당신은 당신과 관련된 모든 것을 선택할 수 있다.

좋지 않다는 것을 빨리 눈치 챈 사람만이 나쁜 환경에서 탈출할 수 있는 행운의 사람이 될 수 있다.

89.
좋은 날을 골라서
행동하라

성공한 사람은 '좋은 날'을 골라서 행동한다.

여기서 '좋은 날'이라고 하는 것은 길일이나 불멸일 등을 고려하라는 말이 아니다.

사주팔자나 별자리 운세 같은 것도 아니다.

'기분이 좋은 날!'

'왠지 그것은 오늘일 것 같은 기분이 들어!'

'오늘, 그 일을 해두자!'

하는 느낌이 드는 날이다.

감각적으로 행동으로 옮겨야 하는 날인지를 보는 것이다.

'왠지 모르겠지만 오늘은 컨디션이 좋아!'라고 하

는 때에는 그 기분에 편승해서 다른 일들도 잘하게 된다.

그것은 '무슨 일이 있으면 바로 행동'하는 습관이 있는 사람들의 특유의 경험에서 나오는 직감이다.

그리고 대개 그러한 때에 무슨 일을 하게 되면, '역시 이렇게 해둬서 다행이다!'라고 여기게 된다. 또 그 일이 좋은 결과로 이어지기도 한다.

행동하는 습관이 없는 사람은 늘 타이밍이 좋지 않을 때 행동한다. 그래서 전부 과녁을 벗어나버리고 만다.

90.
신에게
전화하라

　인생이 잘 풀린 사람들은 눈에 보이지 않는 세계나 신이라고 하는 존재에 대해 다른 사람과 "있다, 없다."로 논쟁하지 않는다. 언제나 '있는 게 당연하지!', '신은 있어!' 라고 확신한다.

　그래서 평범하게 이야기를 한다.

　'하느님, 행복해지겠습니다. 지켜봐 주세요.'

　'이번 일은 반드시 성공시킬 테니까 지켜주세요.'

　그리고 일을 마치면 '하느님, 들어주셔서 감사합니다. 늘 이렇게 행운을 주신 것, 감사합니다!' 라며 제대로 감사의 말을 한다.

　그렇게 늘 마음속으로 이어져 있어서 우주의 절대

적인 힘으로부터 보호받는다.

신이 꼭 들어주었으면 하는 일이나 이루고 싶은 일이 있다면 신에게 전화를 한다.

너무나 막연해서 신이 어디에 있으며 어떻게 말을 걸면 좋을지 모르는 사람은 자신의 휴대폰에 전화를 건다. 그리고 음성사서함에 전언을 남긴다.

그때, 무언가를 간청하거나 비장하게 바라는 바를 말하는 것이 아니라 진술하는 것처럼 '○○하겠습니다.', '○○가 되겠습니다.'라며 선언하듯이 말한다.

그리고 '늘 들어주셔서 감사합니다.'라고 말하고 전화를 끊는다.

그 음성사서함 속에 들어 있는 메시지는 당신의 소원의 주파수가 되어 우주에 도착할 것이다. 그리고 언젠가 이루어지게 될 것이다.

음성사서함에 녹음한 메시지는 바로 지워도 괜찮다.

무의식의 영역에서는 모든 것이 순간적으로 이뤄지니까 말이다.

9장

우주의 힘을
손에 넣는
방법

마음의 도량을 넓혀서
우주로부터 오는 선물을 크게 늘린다!

91.
믿음을
가져라

자기 자신이건, 신이건, 잘 나가는 법칙이나 행운의 징크스 등이든 무언가 믿는 것이 있는 사람은 강인하다.

믿은 대로 될 것이라는 믿음대로 결국은 그것을 이루게 된다.

믿음은 당신을 결코 불안하게 만들지 않는다.

92.
잘 풀리지 않는 일도
받아들여라

'일이 잘 안 풀리는 것=좋지 않은 일. 안 좋은 일. 불행한 일'이 아니다. 일이 잘 안 풀리는 것은 '방식이 틀렸어.', '그 방향이 아니야.', '다른 방법이 있어.', '이쪽이 훨씬 낫다.'라는 것을 당신에게 알려주기 위해서 우주로부터 날아온 사인이다.

뭔가 일이 잘 안 풀릴 때, 그 일로부터 무언가를 크게 배우거나 성장하는 기회를 만나게 된다.

성공하는 사람은 일이 잘 안 풀려도 '그것도 역시 받아들여야 하는 것'이라며 있는 그대로를 받아들인다. 그리고 그 체험으로부터 새로운 것을 배우고 그 일의 의미를 찾으려고 한다.

일이 잘 안 풀리는 것도 받아들일 수 있는 자신이 되었을 때, 어떠한 일이라도 두려움 없이 더욱 크게 성공시킬 수 있게 된다.

93.
신에게
요청하라

신에게 무언가를 바라고 요청하는 것은 특별히 '○○가 될 수 있도록!', '○○ 해주세요.' 라고 말하지 않아도 된다.

신에게 요청을 할 때는 '나는 ○○가 되겠습니다!', '반드시 ○○를 하겠습니다!' 라고 먼저 자신이 그렇게 될 것이라는 것을 믿고 선언한다.

결코 간청하거나 요구하는 것이 아니라 신에게 그 결심을 전하는 것이다. 그것을 통해 신이 당신의 진의나 본심을 이해하고 그 에너지를 서포터 해주는 것이다.

94.
우주로부터
파워를 얻어라

자력만으로 그 일을 하기에는 한계가 있기 마련이
다.

가끔은 계속해서 노력할 기운도, 에너지도 없어지
곤 한다.

그런 때에는 살아 있는 우주로부터 부활을 위한 에
너지를 받도록 한다.

공기가 맑은 장소에서 심호흡을 하거나 찬란히 빛
나는 눈부신 햇살을 받는다. 수려한 자연경치를 바라
보거나 풀숲에 드러누워 푸르른 하늘을 올려다본다.
아름다운 바다에서 수영을 하거나 달의 온화한 빛을
사랑한다.

거기에는 당신을 부활시키고 위로해 주는 위대한 에너지가 있다.

감동을 느끼고 눈물이 뺨을 타고 흐르는 것은 우주의 에너지가 당신의 마음속에 이르렀다는 증거이다.

감사한 마음을 갖고 다시 한 번 내일부터의 인생을 걷기 시작한다.

95.
다른 사람을
부러워하지 마라

　다른 누군가가 자신보다 잘 나가는 것처럼 보이거나 나 이외의 사람들이 모두 행운을 갖고 있는 것처럼 보여도 누군가를 부러워하고 질투하거나 침울해할 필요가 없다.

　우주는 언제나 당신을 사랑하고 당신만의 특별한 행운도 준비해 두고 있기 때문이다.

　당신이 받게 될 행복을 지금 당장 받아들이겠다고 결심하길 바란다.

　자신에게 온갖 좋은 일들이 찾아올 것이라고 믿는다.

　모든 일은 믿는 대로 되어지기 마련이다.

96.
싱크로를
일으켜라

싱크로시티(공시성)는 당신의 마음이 열려서 모든 좋은 일을 받아들일 각오가 되어 있을 때 생겨난다. 기쁨으로 가득하고 즐거움을 느끼며 좋은 흐름을 따라가려고 하는 순수하고 솔직한 마음에 반응하여 일어나기 시작한다.

그러므로 일상 속에서 좋은 일이나 기쁜 일, 즐거운 일, 잘되어가는 일이 있을 때는, 그것이 사소한 일이라고 하더라도 어쨌든 그 감정을 좋은 상태로 유지하도록 한다. 그리고 거기에 의식을 맞춘다.

당신의 의식은 무엇이든지 확대하는 성질을 가지고 있다.

행운의 싱크로를 일으키고 싶다면 잘 안 풀리는 일에 연연하지 말고 잘되어가는 일, 당신을 기쁘게 하는 일, 즐거운 일, 기쁜 일 등의 좋은 감각에 동조하도록 한다!

97.
괜찮아! 하고
말하라

'괜찮아!'는 마법의 언어이다.

'걱정할 필요 없어. 이제 괜찮아!'

'괜찮아! 그 일은 잘될 거야!'

성공한 사람은 이런 말을 자기 자신에게도 물론이고 다른 사람에게도 즐겨 말한다.

이 말은 앞이 보이지 않는 상황 속에 정체되어 있을 때 우리에게 희망을 주고 우리를 안심시키는 말이다.

우선 자신의 말로 자신에게 '괜찮아!'라고 말해 본다.

그것이 좋아하는 사람과의 관계여도 괜찮고 일에 관련된 것이나 뭔가 꿈을 이루는 일이라 해도 괜찮다.

잘하고 싶지만 왠지 일이 잘 안 풀리고 생각한 대로 되지 않을 때는 자신이 해야 할 일을 한다. 그리고 심플하게 자신의 힘을 쏟으며 '괜찮아, 꼭 잘될 거야!' 라고 말한다.

그러면 왠지 매우 온화하고 조용한 기운에 둘러싸이는 것을 느끼게 될 것이다.

'괜찮아. 꼭 할 수 있어. 괜찮아, 이 일은 잘될 거야!' 라고 자신에게 말하면 그 시점에서부터 우리는 매우 안심하게 된다.

자신에게 곤란한 일이 생기거나 불안해질 때에는 '괜찮아!' 라며 말해 보길 바란다.

그 마법의 언어는 분명 당신을 멋진 방향으로 이끌어줄 것이다!

98.
오늘 하는 것의
가치를 알라

프랑스 철학자 몽테뉴는 '언젠가 할 수 있는 일은 오늘도 할 수 있다.' 라고 말했다.

'언젠가, 또, 다음은 기다려도 전혀 오지 않는다.' 라고 하는 말도 있다.

오늘 하는 것에 가치를 느끼고 실제로 오늘 그 일을 하는 사람은 상상하던 행복을 손에 넣을 수 있다.

오늘이 최후의 날로 여겨질 정도로 오늘을 존중하며 살아가는 사람이 얼마나 있을까.

오늘 한다!

그것이 그때의 최대의 행운을 손에 넣는 비결이다.

99.
감사한 일들을
세어보라

'감사하는 마음이 클수록 거기에 정비례하게 행복지수가 높아진다.'

나는 이 말을 매우 좋아한다.

사람은 자신에게 복이 주어지지 않았다고 느끼거나 다른 사람들이 나보다 더 행복해 보이는 모습을 봤을 때, 운명을 비관하거나 신에게 불평을 한다. 모든 것이 싫어지기도 한다.

하지만 정말로 그런 것일까? 정말로? 진짜?

그럴 때는 손가락으로 세어보길 바란다.

우주가 당신을 사랑하고 있다는 사소한 사인들과 당신을 확실하게 지켜주고 있었던 사건들을 말이다.

아무리 사소한 일이라도 좋으니 생각해보길 바란다. 세어볼수록 감사한 마음으로 가슴이 벅차올라 눈물이 넘쳐흐를 것이다.

좋은 일도, 기쁜 일도, 즐거운 일도 세어보면 가득하다는 것을 알 수 있다.

혹시라도 아픈 일이나 힘든 일, 슬픈 일이 더 많았을 수도 있다. 하지만 오늘을 살면서 이 책을 손에 들고 있는 일이나 좀 더 나은 인생과 더욱 성공한 인생, 좀 더 행복한 인생을 생각할 수 있는 것은 지금까지 걸어왔던 그 힘든 길들 덕분이다.

감사한 일이다.

모든 것은 당신의 인생을 좋은 방향으로 이끌어주기 위해서 있었던 것이다. 또 보다 좋게 빛나게 하기 위해서이다. '감사한 일들을 세어보는 것'으로 당신의 마음속에 감사한 마음들이 충만해진다. 커다란 공덕의 힘이 쏟아지고 기적의 문이 열린다.

감사합니다. 감사합니다. 감사합니다.

이토록, 이토록, 이토록 나를 지켜주어서 정말로 고맙습니다. 감사합니다.

100.
사랑을
떠올려라

톨스토이의 명언에 '인간에게 최대의 행복을 가져다주는 감정을 모든 인간은 알고 있다. 그것은 바로 〈사랑〉이다.' 라는 말이 있다.

많은 사람들은 그것을 알고 있으면서도 그것을 어떻게 살리면 좋을지를 모른다.

다른 사람과의 관계나 상황 속에서 고군분투한다.

하지만 사랑은 본래 사람에서 사람에게 확실히 전달해야 하는 것이다.

표정을 상냥하게 짓고,

사랑스러운 마음으로 상대를 바라보고,

다정한 말투를 쓰고,

많은 위로를 해주고,

가만히 손을 잡아주고,

상대방을 꽉 안아주고,

그 사람이 있는 곳으로 달려가는 것,

자신의 시간을 나눠 갖는 것 같은 사소한 것들을 통해서도 모든 사랑은 전해진다.

사랑을 전해준 사람이나 받은 사람도 아무 말 하지 않아도 마음 깊은 곳이 뜨거워진다. 그리고 그 안에서 존중하는 마음이 자라기 시작한다.

모든 사람에게, 모든 장면에서, 사랑을 떠올리며 사랑을 전할 수 있게 된다면 그것이 진정한 성공이며 행복한 인생이지 않을까.

감사의 마음을 담은
후기

지금이야말로 성공을 붙잡자.

이루고 싶은 꿈에 솔직해져서 모든 것을
완수하자!

누구나 처음에는 자신이 상상한 길을 '믿으면 갈
수 있다.'는 생각을 갖고 꿈을 향해 스타트한다. 뜨거
운 열정을 가지고 말이다.

그런데 해도 해도 좀처럼 생각한 목표에 이르지 못
하거나 반대하는 사람이 나타나고 도중에 자기 자신이
불안해지면, 대부분의 사람들은

'혹시 내가 하고 있는 일이 틀린 것은 아닐까?'

'나는 의미가 없는 일을 하고 있는 것은 아닐까?'

'꿈이 이루어진다는 것은 착각하고 있었던 나의 망

상인 것인가?'

　'한창 좋을 나이에 허튼 일을 하고 있는 건 아닐까?'

　'세상이 비웃을 일을 하고 있는 건 아닐까?'

　하며 망설이고 마음이 흔들리곤 한다.

　처음에는 뜨거운 열정을 갖고 꿈의 길을 간다. 다다르고 싶은 장소에 골인하기 위해 움직인다. 그러나 도중에 이런저런 생각이나 불안, 잡념이 발생하고 장해물처럼 보이는 사건을 접하게 되면 그것을 포기하고 싶어 한다.

　하지만 그것은 아직 보지 못한 것에 대한 두려움이거나 확신이 없을 뿐이다. 결코 그 일이 끝나버린 것이 아니다. 잘, 그리고 확실히 골인하는 사람은 도중경과에서 무슨 일이 있어도 그저 처음의 생각에 신념을 가지고 모든 것을 뛰어넘는다.

'무슨 일이 있어도 그 일을 꼭 해내고 말겠어.'

'무슨 일이 있어도 그곳에 도달하겠어!'

'반드시 골인한다!'

'성공해서 큰 사람이 될 거야!'

하는 신념에 따라 약해지는 마음을 몇 번이라도 다시 되돌리는 것이다.

이러한 '자신의 마음을 스스로 몇 번이라도 고쳐 세울 수 있는 사람'이 결국 원하던 성공과 결과를 손에 넣는다.

　정말로 위대한 일을 이룬 사람은 심플하게 생각할 수 있는 사람이다. 즉, 일관적인 생각을 가지고 그것을 실제로 행동할 뿐인 것이다.

　성공하고자 하는 사람이 잊어서는 안 되는 것이 있다. 그것은 큰일을 이루고자 할 때, 많은 자금이나 좋은 인맥이 있고 없고가 결과를 좌우하지 않는다는 사실이다. 처음의 생각을 일관하며 관철하고 있는가가 더욱 중요하다.

　그러므로 성공을 확실히 실현하고 싶다면 마음을 다잡고 믿고 있는 일에 돌진한다. 그리고 그 꿈을 이룰 때까지 그만두지 않는다.

　당신이 마음속으로부터 정말로 사랑하는 길을 선

택했다면 그것은 결코 힘든 일이나 어려운 일이 없을 것이다.

사랑하는 길이야말로 성공이 약속된 길이다.

성공하는 100가지 마음가짐

1판 1쇄 발행 ‖ 2021년 9월 20일

지은이 ‖ 요시카와 나미
옮긴이 ‖ 강성욱
펴낸이 ‖ 김규현
펴낸곳 ‖ 경성라인
주 소 ‖ 경기도 고양시 일산동구 백석2동 1456-5
전 화 ‖ 031) 907-9702
팩 스 ‖ 031) 907-9703
E-mail ‖ kyungsungline@hanmail.net
등 록 ‖ 1994년 1월 15일(제311-1994-000002호)

ISBN 978-89-5564-185-1 (03320)